Daniel Muyisa Beltchatsar

La Résurrection des morts, illusion ou réalité ?

Daniel Muyisa Beltchatsar

La Résurrection des morts, illusion ou réalité ?

Un essai exégétique de 1Corinthiens 15,12-19

Éditions Croix du Salut

Imprint
Any brand names and product names mentioned in this book are subject to trademark, brand or patent protection and are trademarks or registered trademarks of their respective holders. The use of brand names, product names, common names, trade names, product descriptions etc. even without a particular marking in this work is in no way to be construed to mean that such names may be regarded as unrestricted in respect of trademark and brand protection legislation and could thus be used by anyone.

Cover image: www.ingimage.com

Publisher:
Éditions Croix du Salut
is a trademark of
International Book Market Service Ltd., member of OmniScriptum Publishing Group
17 Meldrum Street, Beau Bassin 71504, Mauritius

Printed at: see last page
ISBN: 978-613-7-36963-0

Daniel MUYISA BELTCHATSAR

La Resurrection des morts, illusion ou réalité ?

Un essai exégétique de 1Co 15,12-19

Editions Croix du Salut

Epigraphe

Avant d'être un objet de croyance, la résurrection est le lieu de la foi, le lieu où naît la foi. Identifier en soi une particule de foi, c'est ressentir l'effet de Pâques. Il n'a donc pas tort, celui qui a dit que la seule preuve authentique de la résurrection, c'était l'existence de l'église. Mais quelle preuve vulnérable…

Daniel Marguerat

Dédicace

A la grande famille MUYISA SAIBA VUYONIHI ;

A tous ceux qui, par la foi, croient en la résurrection du Christ et par conséquent en leur ;

A celle que, demain, nous appellerons notre Alter Ego

et aux fruits de notre Amour !

In Memoriam

A mon jeune frère Katembo Muyisa Philémon, partit trop tôt ad patris !

Une pensée vers toi, nous fait toujours croire que tu n'es pas loin…

Dans l'éternité qui t'es déjà offerte,

Dieu t'a repris comme Il reprend ce qu'Il prête…

Le malheur de t'avoir perdu ne nous fera sûrement pas oublier le bonheur de t'avoir connu,

Car dit-on, ne meurt celui à qui on continue à penser !

Remerciements

Le résultat de nos recherches n'est pas voué uniquement à notre génie personnel. C'est de prime à bord à Dieu notre Père que nous devons l'accomplissement de toutes œuvres, Lui qui, au-delà de tout entendement ne cesse de prendre soin de nous pourvoyant à nos besoins.

Le contenu sémantique du concept « *merci* » n'exprime pas de façon satisfaisante notre gratitude à Maman et Papa, Régine Mahindi et Joas Muyisa, à notre oncle Samson Muyisa et sa chère épouse Jénot Mulavi qui sont les seuls avec nos frères et sœurs Rachel, Ruth, Suzan, David, Ministère et Isaac, à comprendre l'utilité de nos études. Ceux-ci nous ont soutenus durant toutes les démarches à pouvoir effectuer nos études dans les meilleures conditions qui soient. Ils nous ont toujours témoigné de leur amour et de leur attachement, leur souci, de nous voir épanouis.

Nous voulons exprimer également notre gratitude à l'Université Libre des Pays des Grands Lacs, ULPGL-Goma, pour l'encadrement et l'éducation faisant de nous des agents réformateurs de l'église et de notre société entière à travers différentes notions acquises aux bancs des auditoires. Il serait ingrat pour nous de passer outre le Professeur Paluku Balerwa Jesse, Directeur de ce travail et Madame la Chef des Travaux Onique-Eunice Basambya qui ont accepté de nous suivre tout au long de nos recherches scientifiques. L'encadrement que nous avons reçu nous a permis de mener à bon port les présentes recherches. Qu'ils trouvent ici l'expression de notre sincère gratitude.

Daniel MUYISA BELTCHATSAR

AVANT-PROPOS

Ce travail s'inscrit principalement dans le domaine de la théologie biblique, tout en puisant certaines ressources de la théologie systématique dans la doctrine de la résurrection et de la rédemption[1]. Ce qui enrichit son contenu à travers des avis et arguments résultant de beaucoup d'autres recherches qui cadrent bien sûr avec notre contexte d'étude. Dorénavant, il sied de savoir que le débat autour de la résurrection ne date pas d'aujourd'hui. Et nous-même ne sommes pas les premiers à en avoir parlé. Le fait que pour la plupart, les croyants de Corinthe étaient d'origine grecque, ils étaient donc influencés par la pensée philosophique grecque qui enseignait l'immortalité de l'âme qui diffère totalement de celle qui proclame plutôt la résurrection.

La résurrection n'est pas une idée mais plutôt un fait parce que le Christ a été vu ressuscité et les témoins de ce fait sont énumérés : Pierre (Luc 24,34), les Douze (Luc 24,36 ; Jean 20,19), les cinq cent frères réunis sur une montagne en Galilée (Matthieu 28,16)… et pouvaient être consulté étant encore vivants au temps même de l'apôtre Paul à qui le Christ fut apparu sur les chemins de Damas et celui d'Emmaüs. Aucune de ses deux apparitions n'est une hallucination, ce sont des actes du Ressuscité qui convainc et montre sa puissance et par lesquels Jésus constitue Paul comme apôtre, c'est-à-dire comme témoin de sa résurrection.

La résurrection du Christ a des implications eschatologiques importantes pour les croyants et que l'objectif des versets 12-34 concerne précisément le lien entre la résurrection du Christ et celle des chrétiens comme fondement de l'espérance chrétienne, le Christ étant les prémices de ceux qui sont décédés (1

[1] Prof Jules KAMABU, *Initiation à la théologie systématique*, cours inédit, G1, 2015-2016. Cf. les explications du symbole des apôtres

Co 15:20). Nous pouvons donc dire qu'il y a une correspondance eschatologique entre la résurrection corporelle du Christ et celle des croyants. C'est la dimension « *pas encore* » de la résurrection liée à la foi au Christ.

Toutefois, la réalité actuelle de la résurrection doit être considérée dans sa dimension spirituelle comme on le voit en Rm 6:4 par le symbole du baptême, établit une correspondance entre Jésus et le chrétien concernant la mort, l'ensevelissement et la résurrection. Cette résurrection a des implications actuelles et futures (1) aujourd'hui, il nous faut marcher en nouveauté de vie (v. 4) ; (2) demain, nous serons ressuscités (v. 5.8)… Particulièrement, la résurrection est <u>tantôt présentée comme déjà réalisée</u> (v. 4.11), <u>tantôt comme à venir</u> (v. 5.8).

La résurrection selon que Paul en parle dans 1Corinthiens au verset 15 du chapitre 15, est présentée à travers un témoignage que faisaient les apôtres au sujet du Christ le ressuscité. Ces témoins, dont Paul lui-même, seraient considérés comme des faux témoins si seulement les morts ne ressuscitent pas. Cette façon d'affirmer implicitement la résurrection des morts dans le présent devrait être compris à travers le témoignage qui se réalise par le baptême immersif, symbole de la mort et la résurrection du Christ ; ce dernier se produit par un corps spirituel, dans l'incorruptibilité, la gloire et la force. Cette résurrection commence déjà dans cette vie terrestre, vécu dans la foi par le baptême, elle est progressive et se réalise de plus en plus à mesure de l'ascension spirituelle et morale, le progrès et la montée spirituels de chaque être humain individuel, dans sa vie terrestre comme après la mort du corps matériel, pour que, finalement, ils forment tous ensemble le corps du Christ.

INTRODUCTION GENERALE

1. La résurrection des morts face à celle du Christ

La lecture de la première épitre de Paul aux corinthiens, au chapitre 15, montre que l'Apôtre axe son enseignement sur la résurrection, correction qu'il émet à cause d'une erreur doctrinale à ce sujet dans la communauté de Corinthe. Dans notre passage sous étude, verset 12 à 19, il est question de la nécessité de la résurrection du Christ pour notre salut[2] tout en relevant le fait que nier la résurrection de Christ et nier le salut[3] c'est totalement vider la prédication de son contenu[4] et traiter les apôtres d'imposteurs[5].

Cependant, en lisant le verset 15 un problème se pose quant à la compréhension de ce passage. Tout tourne autour de la résurrection du Christ dans le passé, qui semble être conditionnée par la résurrection des morts dans une nouvelle chaire dans le futur, mais qui commence déjà dans le présent, à l'immédiat. Paul explique qu'il y a la résurrection au présent parce que Christ était ressuscité ; c'est-à-dire que les morts ressuscitent (au présent) parce que Christ était ressuscité (au passé).

---

[2] Verset 12
[3] Verset 13, 17 et 19
[4] Verset 14
[5] Verset 15 et 16

Ainsi donc, si les morts ressuscitent dans le présent, sachant qu'à la mort l'âme se sépare du corps et que l'âme et le corps sont deux parties distinctes de l'homme, de quelle résurrection s'agit-il dans le présent et comment la penser par rapport à celle du Christ (dans le passé) ? [6]

2. Regards bibliques et scientifiques sur la résurrection

Ce débat autour de la résurrection, comme l'avons-nous dit un peu plus haut, ne date pas d'aujourd'hui. Et nous-même ne sommes pas les premiers à en avoir parlé. Gaston Deluz[7] dans son analyse de 1co 15,12-19, fait savoir qu'à Corinthe on ne croyait pas du tout à la résurrection des chrétiens même si on croyait en celle du Christ dont on ne pouvait en aucune manière considérer les conséquences à pouvoir entrainer celle des croyants pour le salut éternel. C'est-à-dire que pour les corinthiens, la résurrection du Christ n'était considérée que comme un fait isolé et sans suite par rapport à la résurrection des croyants.

---

[6] Du point de vue de la résurrection du Christ, de sa nature, aurait-elle été un événement eschatologique ou plutôt une illusion en sorte que le terme d'événement ne convient pas à la résurrection elle-même mais tout au plus à l'imagination de ceux qui y croient ? Le verset 15 de 1Cor 15 explique : « *Il se trouve même que nous sommes de faux témoins à l'égard de Dieu, puisque nous avons témoigné contre Dieu qu'il a ressuscité Christ,* ***tandis qu'il ne l'aurait pas ressuscité, si les morts ne ressuscitent point.*** » Voilà ce qui expliquerait alors le fait de traiter les apôtres et bien également tous ceux qui ont prêchés l'évangile de la croix, d'imposteurs et par conséquent, nier le salut.

[7] G. Deluz, *La sagesse de Dieu, Explication de 1Corinthiens*, Neuchâtel, Editions Delachaux & Niestlé, 1959, pp. 252-258

Le fait que pour la plupart, les croyants de Corinthe étaient d'origine grecque, ils étaient donc influencés par la pensée philosophique grecque qui enseignait l'immortalité de l'âme qui diffère totalement de celle qui proclame plutôt la résurrection. Selon les philosophes grecs, tel que Platon, l'âme est donc d'une essence inaltérable, incorruptible, impérissable. Cette philosophie opposant la matière et l'esprit, le corps et l'âme, est dite dualiste. D'après cette dernière, pendant la vie terrestre l'âme est retenue captive dans le corps considéré comme une prison où elle subit beaucoup de vicissitudes et devient la proie des passions charnelles. Cependant, c'est donc la mort qui rend à l'âme sa liberté et sa pureté originelle en la séparant du corps.

Tout comme beaucoup de chrétiens modernes, poursuit Deluz, ceux de Corinthe confondaient cette doctrine païenne de l'immortalité de l'âme avec la doctrine chrétienne de la résurrection, rejetant probablement cette deuxième qui pouvaient les offusquer pour s'attacher à la première qui leur sembler plus logique. Pourtant ce dualisme platonicien est incompatible avec la pensée biblique puisque elle, stipule que la matière a été créée par Dieu aussi bien que l'Esprit. Au sujet de la résurrection, Deluz précise :

> *La résurrection du Christ et la résurrection des morts sont deux faits inséparables, l'un de l'autre. Si l'on nie la résurrection des morts, si on la juge impossible, il faut*

> *être logique et nier, du même coup, la résurrection de Jésus. Car la résurrection de Jésus n'a plus de sens si elle n'est pas le gage de la résurrection de tous ceux qui ont cru en lui.*

Pour Deluz, il serait donc absurde de croire à la résurrection du Christ et de nier la résurrection des chrétiens. Le même Dieu qui a pu l'un, peut également l'autre, c'est-à-dire qu'on ne saurait pas concevoir que Dieu ne soit pas capable de ressusciter les morts alors que on admet qu'Il avait ressuscité le Christ. Voilà pourquoi revenant sur 1Co 15,16 il en déduit aussi que *s'il n'y a point de résurrection des morts,* partant point de résurrection du Christ, il faudra logiquement en déduire que *Christ non plus n'est pas ressuscité*, car poursuit-il, sans la résurrection, la mort du Christ n'est qu'un échec, la digne et triste fin d'une vie de sacrifice.

Dans les Commentaires Bibliques[8] des deux épitres aux corinthiens il est affirmé que la résurrection n'est pas une idée mais plutôt un fait parce que le Christ a été vu ressuscité et les témoins de ce fait sont énumérés : Pierre (Luc 24,34), les Douze (Luc 24,36 ; Jean 20,19), les cinq cent frères réunis sur une montagne en Galilée (Matthieu 28,16)… et pouvaient être consulté étant encore vivants au temps même de l'apôtre Paul à qui le

---

[8] [ANONYME], Commentaires bibliques, *les deux épitres aux Corinthiens, Toulouse, Nouvelle Société d'éditions de Toulouse, pp. 38-44*

Christ fut apparu sur les chemins de Damas et celui d'Emmaüs. Aucune de ses deux apparitions n'est une hallucination, ce sont des actes du Ressuscité qui convainc et montre sa puissance et par lesquels Jésus constitue Paul comme apôtre, c'est-à-dire comme témoin de sa résurrection.[9]

Ce fait de la résurrection du Christ n'était pas nié par les corinthiens. Cependant, étant déjà nourris par la pensée platonicienne sur la doctrine de l'immortalité de l'âme, ils ne pouvaient plus croire à la résurrection des morts, le corps étant considéré comme une prison, une chaine, une cause d'imperfection. C'est donc dans ce sens que Paul, à nous, tout comme aux corinthiens, dit *Il y a une résurrection des morts*, ce qui affirme finalement la reconstitution de notre personnalité, corps, âme et esprit. Cette affirmation part du fait que Christ est ressuscité, parce qu'il a été vu, plus vivant qu'aucun vivant de la terre, étant revêtu d'un corps nouveau et glorieux. L'Apôtre affirme ainsi la résurrection des morts en ce terme :

> *Nier la possibilité de la résurrection en général, c'est nier la possibilité de la résurrection de Christ. Mais affirmer la résurrection de Christ. Mais affirmer la résurrection de Christ, c'est affirmer la possibilité de la résurrection des morts. C'est se placer résolument dans*

[9] 1Co 9,1

> *l'espérance. C'est savoir qu'il y a autre chose que « cette vie seulement »*[10]

Christ devient de ce fait les prémices des ressuscités de par sa résurrection qui devient une preuve de la nôtre. Paul semble donc en indiquer trois étapes : *la résurrection de Jésus, la résurrection de ceux qui sont à Christ* (à la parousie) et enfin *viendra le dernier triomphe et la résurrection totale pour le jugement.*

Pour Sonny Perron-Nault[11] dans son mémoire de maîtrise en théologie, développe la notion du ***déjà, mais pas encore***, soulignant que 1 Co 15 rend manifeste que la résurrection du Christ a des implications eschatologiques importantes pour les croyants et que l'objectif des versets 12-34 concerne précisément le lien entre la résurrection du Christ et celle des chrétiens comme fondement de l'espérance chrétienne, le Christ étant les prémices de ceux qui sont décédés (1 Co 15:20). Ainsi, pour Sonny, cette lecture eschatologique est liée à la dimension corporelle, c'est-à-dire comme Christ a été réveillé trois jours après sa mort, les chrétiens décédés le seront aussi éventuellement[12].

---

[10] [ANONYME], Commentaires bibliques, *Op. Cit, p.41*

[11] S. PERRON-NAULT, *Éclairage théologique et historique du credo corinthien : critique de la forme et histoire de la tradition de 1 Corinthiens 15:1-11*, Mémoire présenté à la faculté des études supérieures et postdoctorales en vue de l'obtention du grade de Maîtrise (M.A.) en théologie, option études bibliques, Université de Montréal, inédit, 2016, pp. 105

[12] « Et Dieu, qui a ressuscité le Seigneur, nous ressuscitera aussi par sa puissance » (1 Co 6:14 ; cf. Rm 8:11)

Nous pouvons donc dire qu'il y a une correspondance eschatologique entre la résurrection corporelle du Christ et celle des croyants. C'est la dimension ***« pas encore »*** de la résurrection liée à la foi au Christ.

Cependant, poursuit Sonny, la théologie paulinienne affirme en même temps que la résurrection est une réalité actuelle pour le croyant :

> ... *It is a mistake to regard the giving of eternal life merely as an end-time event involving the resurrection of the physical body. The phrases now, but not yet or already, but not yet have been used by scholars to refer to phenomena which have a present-day application and an end-time fulfillment. This notion can also be applied to the resurrection of the believers* (Good 2007, 93, 96 n. 1).

Toutefois, la réalité actuelle de la résurrection doit être considérée dans sa dimension spirituelle comme on le voit en Rm 6:4 : « Nous avons donc été ensevelis avec lui dans la mort par le baptême, afin que, comme Christ est ressuscité d'entre les morts par la gloire du Père, de même nous aussi nous marchions en nouveauté de vie. » par le symbole du baptême, établit une correspondance entre Jésus et le chrétien concernant la mort, l'ensevelissement et la résurrection. Or, comme le dit Gignac (2014, 246-247), cette résurrection a des implications actuelles et futures : « Or, la vie du chrétien, à l'image du baptême, reflète le parcours du Christ, avec une énumération d'au moins sept conséquences : (1) aujourd'hui, il nous faut marcher en nouveauté de vie (v. 4) ; (2) demain, nous serons ressuscités (v. 5.8)… Particulièrement, la résurrection est tantôt présentée comme déjà réalisée (v. 4.11), tantôt comme à venir (v. 5.8). » (Voir aussi Gignac 2014, 249.)

Sonny conclut sa pensée soulignant que c'est probablement ce double entendre concernant le0 lien entre la résurrection de Christ et celle des croyants qui a contribué, entre autres, à faire penser aux Corinthiens qu'il n'y a pas de résurrection *d'entre les morts*. La résurrection du Christ a donc une double charge théologique dans la pensée paulinienne renvoyant autant à l'exigence de vivre comme si nous étions déjà au paradis en quelque sorte (aspect spirituel) et à l'espérance de la résurrection corporelle des chrétiens qui est encore à venir.

On préfère en général, indique Christophe Senft[13], mettre en cause aujourd'hui l'une ou l'autre forme du dualisme hellénistique considérant le corps comme la prison de l'âme ou de l'esprit, soit qu'on ait jugé la résurrection du corps incompatible avec l'immortalité de l'âme ; soit qu'on ait considéré que la

---

[13] C. Senft, *La première épitre de Saint Paul aux corinthiens, Génève, Labor, et fides, 1990, pp. 191-195*

communion parfaite avec Dieu est déjà pleinement atteinte dans les expériences extatiques, ou estimé avoir atteint par la connaissance la pleine authenticité de l'être, au point de pouvoir dire que la résurrection a déjà eu lieu.[14]

Christophe Senft poursuit en disant qu'il y a incohérence dans la position de ceux qui ont accueilli et ont cru le message de la résurrection du Christ de pouvoir refuser de croire à une résurrection des morts ; ainsi l'apôtre leur montre le risque que leur foi ne soit qu'une illusion. Car, en niant la résurrection des morts, ils nient également celle du Christ, or cela n'est aucunement pas leur intention.

La réflexion du témoin au verset 15, dit *faux-témoin de Dieu*, serait donc en plus un imposteur : témoin faisant sur Dieu des déclarations mensongères. En formulant : *nous avons témoigné contre Dieu*, Paul laisse entendre, semble-t-il, que *si* l'annonce de la résurrection du Christ était vraiment un faux témoignage, elle serait une atteinte portée à Dieu. La faux-témoin s'opposerait à Dieu et au témoignage que celui-ci veut qu'il apporte et qu'il lui a fait connaitre en ressuscitant le Christ, faisant en définitive passer Dieu pour un menteur. L'idée à tirer de ce passage serait donc celle-ci : *si vraiment le Christ n'était pas*

---

[14] 2Tim 2,17s ; Jn 11,25s

ressuscité, ceux qui le prêchent offenseraient Dieu en le glorifiant par des prodiges qu'il n'a pas faits, car Dieu n'a pas besoin des mensonges. Selon Christophe, il faut lire ce verset en partant de la fin : *Si vraiment, comme vous le prétendez (*εἴπερ ἄρα) εἴπερ ἄρα, *les morts ne ressuscitent pas*[15]*, alors Dieu n'a pas ressuscité le Chrsit* (cf v.13) ; *la conséquence est alors que nous ne pouvons être à vos yeux que de faux-témoins, qui font sur Dieu des déclarations mensongères.* Argument ad hominem un peu brutal, mais propre à faire réfléchir, conclut Christophe Senft.

En effet, déjà vers le premier siècle la résurrection des morts était sujet de controverses. A Corinthe, où Paul avait passé quasi dix-huit mois pour y annoncer l'évangile, après son départ il était resté en contact avec la communauté qu'il venait d'y fonder. Il (Paul) unit dans sa lettre, la première épitre à cette communauté de Corinthe, deux thèmes : *les divisions et la fausse sagesse,* à laquelle il oppose *la sagesse du Christ, la sagesse de la croix.*[16] Cette deuxième épitre aux corinthiens est la plus variée et la plus pratique de toutes les autres, vu la diversité des sujets qu'elle aborde, ce qui nous permet à ce niveau de comprendre à fond les problèmes qui se posaient à cette église

[15] Pour rappel, les mots εἴπερ ἄρα νεκροὶ οὐκ ἐγείρονται, sont omis par D sy^{p} etc

[16] [ANONYME], Bible, *Traduction Œcuménique de la Bible*, Première épitre aux Corinthiens, *Introduction*, Paris, Editions du Cerf, 2004, p1609.

du premier siècle dont les jeunes chrétiens venaient d'être arrachés du paganisme. . Cependant, elle traite d'une façon générale et unique l'application de la doctrine de la croix à toute la vie individuelle et collective des chrétiens.

La pensée de Saint Augustin au sujet de la résurrection de la chair

Saint Augustin est revenu là-dessus ; c'est qu'en effet la résurrection de la chair n'est pas pour nous entièrement un objet d'espérance relevant de la catégorie du futur ; l'événement de Pâques, la résurrection du Christ est aussi un fait acquis, objet de la foi historique, cœur et centre vital de toute la foi chrétienne[17]. Ouvert par cet événement, le temps de l'Église est un temps messianique, nous vivons sous le règne de l'eschatologie commencée, inchoative. Saint Augustin rappelle sans cesse ce point fondamental : la résurrection du Christ est le type exemplaire, les prémices de la nôtre, occasion pour lui de mettre en œuvre sa théologie du Christus totus ou, comme nous disons aujourd'hui, du corps mystique.

Le dogme de la résurrection finale est un des dogmes fondamentaux de la foi chrétienne. Le symbole ou, comme dit plus

[17] Henri Irénée MARROU, *Le dogme de la résurrection des corps et la théologie des valeurs humaines selon l'enseignement de saint Augustin*, Villanova University Press, 1966.

souvent saint Augustin lui-même, la CONFESSIO FIDEI[18], lui consacre une grande importance : il commence par ***Credo in Deum Patrem Omni potentem*** et se continuait vers la fin par ***In sanctam ecclesiam, remissionem peccatorum et resurrectionem garnis.***

C'est précisément cette place d'honneur faite à un élément essentiel de la foi qui explique le rôle que joue la résurrection des corps dans ce que nous appellerions aujourd'hui la pastorale augustinienne, c'est-à-dire l'enseignement ordinaire de l'évêque d'Hippone en tant qu'évêque.

De même pour l'analyse du composé humai n ; prenons par exemple le plus ancien des textes que nous étudions ici, le ***De fide et symbolo***. La langue souple et riche d'Augustin y reflète tour à tour la tradition philosophique, commune ou spéciale à chaque école, et les emplois bibliques eux-mêmes si divers : le mot chair peut être péjoratif (« la chair complote contre l'esprit ») ou désigner la créature humaine dans sa totalité (« le Verbe s'est fait chair »). Les deux inspirations interfèrent parfois : l'emploi qu'affectionne Augustin du mot ***mens*** pour désigner le stade le plus élevé de l'âme humaine, soumise à Dieu par la

[18] Il emploie tour à tour, pour désigner le symbole, trois termes différents : CONFESSIO FIDEI : Epist. ad Rom. quar. prop, expos. 67; C. Faustum X I I, 26 ; Epist. 187, 3 (10), - SYMBOLUM : Serm. 214, 1; Serm. 213, 1; De fide et symb. 1 (1), 1 0 (25) ; Enchir. 2 (7) ; De symbolo 1 (1), - RÉGULA FIDEI : Sermo 213, 1 ; De symbolo, 1 (1) ; Retract. II , 3.

foi et exerçant une volonté bonne, est certainement influencé par l'usage de ***bona mens***, tout en se recommandant d'un verset de l'apôtre (Rom. 7,25 : « par l'esprit je sers la loi de Dieu », ***mente seruio legi Dei***). Le sens attribué et le choix des mots varient suivant le point de vue momentanément envisagé, ontologique ou moral ; ce qui n'empêche pas bien entendu la pensée d'être cohérente.

A travers ces variations de vocabulaire et de point de vue, saint Augustin cherche à exprimer une même vérité fondamentale : l'homme c'est tout cela à la fois, âme et corps, chair et esprit, et pour que l'homme soit réellement sauvé il faut que le salut s'adresse à son être tout entier et donc que, par la résurrection glorieuse, le corps lui aussi soit assumé dans l'éternel. Nous ne pouvons prétendre dans les limites de cette étude suivre dans toutes ses ramifications l'enseignement de saint Augustin à ce sujet : nous essayons juste de le ramener à l'essentiel en vue du but précis et très limité que nous nous sommes proposé : au sujet de la résurrection.

Origène et la résurrection des morts

Quelle était, selon Origène, la portée de l'avis de ceux qui disaient[19] qu'il n'y avait pas de résurrection des morts ? Comment Origène a-t-il interprété le rapport étroit que Paul établit

[19] D'après 1cor 15,12

entre la résurrection du Christ et celle des hommes ? Dans les fragments des chaînes, il dit qu'il est évident que la résurrection du Christ a eu lieu « avec la chair qu'il avait ». Aux « hétérodoxes » qui « veulent allégoriser la résurrection des hommes », Origène dit que, par conséquent, « ils doivent allégoriser aussi celle du Sauveur »[20]. Cependant, il admet que « chaque hérésie » reconnaît que Christ est ressuscité d'entre les morts. Ensuite, Origène rappelle que Christ est le « premier-né d'entre les morts » (Col 1, 18), ce qui implique, d'après lui, que la résurrection des hommes doit ressembler à celle du Christ, laquelle s'est produite avec le corps. Il qualifie d'impudent le propos de ceux qui, tout en confessant la résurrection de Christ, affirment qu'il n'y a pas de résurrection des morts, qu'ils le disent ouvertement ou dans leur cœur. A sa manière, Origène reproduit le raisonnement de Paul en disant que la résurrection du Christ, prémices de ceux qui se sont endormis (1 Co 15, 20), et celle des morts, sont indissolubles. Il est évident que ce commentaire vise les gnostiques. Effectivement, un témoignage de l'allégorisation ou de la spiritualisation de la résurrection se trouve, par exemple, dans l'Évangile selon Philippe, où la résurrection spirituelle est située dans la vie terrestre du Christ et de ceux qui ont acquis la gnose.

---

[20] cf. Origène, *Résurrection*, chez Pamphile, *Apologie pour Origène* 130, l. 22-24

Reprenant encore les termes de Paul, Origène affirme que les justes, bien que semés d'un corps psychique, dans la corruption, l'ignominie et la faiblesse, ressusciteront dans un corps spirituel, dans l'incorruptibilité, la gloire et la force (1 Co 15, 42-44)38. Interrogativement, il met ce « corps psychique » en rapport avec la chute des âmes (ψυχαί) de leur état originel et céleste de νοῦς. Selon cette spéculation, Dieu a créé les corps terrestres pour les âmes déchues, de sorte que le corps terrestre peut être qualifié comme « corps psychique ».

Dans la résurrection, par contre, le corps n'aura plus rien de psychique, car il sera retourné vers son état originel. Selon Origène, il peut s'écouler des siècles innombrables avant que le corps n'atteigne la condition extrêmement fine, pure et splendide qui est propre aux corps spirituels. Il semble pourtant hésiter à affirmer que la condition finale des corps spirituels sera incorporelle, car l'incorporalité appartient à Dieu seul. Nous reviendrons à la question de l'incorporalité finale des créatures. Origène exploite la distinction paulinienne entre le premier et le dernier Adam et entre le premier homme tiré de la terre et le deuxième homme venu du ciel (1 Co 15, 45-49) surtout par rapport à la vie de l'homme en ce monde. Il comprend que Paul parle d'Adam et de Christ, et il applique ce passage, par exemple, à la conversion de l'homme à Christ, laquelle a pour conséquence que l'homme est conduit par l'Esprit et qu'il porte déjà « l'image du céleste » (1 Co 15, 49). Quelquefois, cependant, Origène cite ce passage pour expliquer ce qu'il veut dire quand il affirme que, dans la résurrection, l'homme aura un corps spirituel.

L'on mesure immédiatement la portée des conséquences qui se dégagent: la fuite loin du corps, ***l'omne corpus fugiendum***... et saint Augustin commente avec cette minutie, avec laquelle tous les Pères, depuis Origène, aiment à procéder, le verset du livre de la ***Sagesse*** 9,15 : « le corps corruptible appesantit l'âme » : l'Écriture précise « corruptible » pour faire comprendre que ce n'est pas le corps en soi qui appesantit l'âme mais par suite de l'état où il est tombé par le péché[21]. Au contraire il faut reconnaître que l'âme est faite pour son corps et que séparée de lui elle aspire à le rejoindre et vit dans cette espérance, pourvu qu'il soit désormais affranchi de la corruption.

La résurrection, c'est donc du plus-être, du mieux-être, incomparablement supérieur à tout ce que nous pourrons avoir connu, expérimenté durant notre vie terrestre, mais ce sera pourtant une réalité du même ordre : désormais spirituel, notre corps restera cependant toujours notre même corps. Origène, dans son interprétation de l'image de la semence de blé (1 Co 15, 37), ajoute les exemples de la semence humaine qui sera un homme

---

[21] Cité de Dieu XIII, 16, 16, 1. S. Augustin est souvent revenu sur Sagesse 9,15

et le résultat de la taille d'un figuier comme des arguments pour la résurrection des morts. Se servant d'un concept stoïcien, il explique à plusieurs reprises que, dans les différentes semences, Dieu a mis un σπέρματίκός λόγος qui fait qu'elles deviennent, par exemple, un épi ou un arbre. Il suppose que, pareillement, l'homme aussi a reçu un spermatikos logos qui fait que, dans la résurrection, un nouveau corps germera. Ce corps, cependant, ne sera pas charnel, mais « spirituel », selon 1 Co 15, 44. Origène interprète le qualificatif « spirituel » comme « éthéré » (aethereum), ce qu'il considère comme convenant au royaume des cieux[22]. Pour lui, il est important que la résurrection soit corporelle et qu'elle ne concerne pas seulement l'âme. Car il considère comme absurde que le corps qui a souffert avec l'âme pour le Christ et qui a résisté à ses propres vices naturels et à ses passions, ne soit pas récompensé de cela, et que l'âme seule soit couronnée[23].

Pour préciser sa compréhension de la résurrection, il ne se sert pas seulement du *logos spermatikos* du stoïcisme, mais aussi, entre autres, du concept de εἶδος dans son sens platonicien et aristotélicien de « forme » opposé à la matière, et du concept

---

[22] *Stromates*, chez Jérôme, *Contre Jean de Jérusalem* 26, l. 7-20 (CCSL 79A) (pour l'attribution de ce texte aux *Stromates*, cf. P. Nautin, *Origène, sa vie et son œuvre*, Paris, 1977, p. 296-300) ; *ComPs1*, chez Méthode, *Résurrection* I, 22, 5

[23] *Résurrection*, chez Pamphile, *Apologie pour Origène* 128

de οὐσία, « essence ». Il souligne que le corps matériel ne peut pas ressusciter, ne serait-ce que comme le corps humain change au jour le jour. Pourtant, l'identité humaine ne se trouve pas seulement dans l'âme, mais aussi dans l'εἶδος et l' οὐσία du corps, lesquels, dans la résurrection, seront rendus à l'âme. Selon Origène, donc, le corps ressuscité sera spirituel, ayant le même εἶδος et la même οὐσία que le corps terrestre, sans être matériel[24].

3. Comprendre la résurrection au présent

La résurrection selon que Paul en parle dans 1Corinthiens au verset 15 du chapitre 15, est présentée à travers un témoignage que faisaient les apôtres au sujet du Christ le ressuscité. Ces témoins, dont Paul lui-même, seraient considérés comme des faux témoins si seulement les morts ne ressuscitent pas. Cette façon d'affirmer implicitement la résurrection des morts dans le présent devrait être compris à travers le témoignage qui se réalise par le baptême immersif, symbole de la mort et la résurrection du Christ ; ce dernier se produit par un corps spirituel, dans l'incorruptibilité, la gloire et la force[25]. Cette résurrection commence déjà dans cette vie terrestre, vécu dans la foi par le

---

[24] *Résurrection*, chez Pamphile, *Apologie pour Origène* 130. Voir Crouzel, « Critiques » (n.1), p. 688-692 ; Vítores, *Identidad* (n.2), p. 88-89, 99-115 et Dorival, « Origène et la résurrection » (n. 2), p. 292-295.

[25] Cf. 1Co 15,42-44. Dans cette perspective, l'homme ancien meurt et ressuscite comme une nouvelle créature, toutes choses étant devenues nouvelles. Ce corps, cependant, n'est plus charnel mais spirituel.

baptême, elle est progressive et se réalise de plus en plus à mesure de l'ascension spirituelle et morale, le progrès et la montée spirituels de chaque être humain individuel, dans sa vie terrestre comme après la mort du corps matériel, pour que, finalement, ils forment tous ensemble le corps du Christ.

Le terme « eschatologique » signifie « salutaire » : la résurrection n'est rien d'autre que la foi à la croix comme événement de salut. Or, s'il n'y a pas résurrection des morts, alors Christ n'était pas ressuscité[26] ; ce qui pouvait paraitre dialectique ou alors comme une preuve bien faible auprès des grecs qui le nient.[27]

Eugène de Faye et Hal Koch ont conclu que, pour Origène particulièrement, il ne peut pas être question d'une résurrection concrète, car tout se passe dans une évolution lente et progressive, adaptée au libre arbitre des créatures douées de raison[28]. Il nous semble que cette conclusion est trop radicale, car il est certain qu'Origène parle régulièrement de la résurrection comme d'un événement futur devant se produire à un moment précis. Il réfute explicitement l'avis de ceux qui le prennent pour l'un de ceux qui, tout en se disant chrétiens, refusent la doctrine

---

[26] 1Co 15,13

[27] 1Co 15,35

[28] E. de Faye, *Origène, sa vie, son œuvre, sa pensée* III, Paris, 1928, p. 249-268 ; H. Koch, *Pronoia und Paideusis. Studien über Origenes und sein Verhältnis zum Platonismus*, Berlin/Leipzig, 1932, p. 89-96

des Ecritures tures sur la résurrection. Il nous semble que la raison pour laquelle Origène a retenu la croyance en la résurrection des morts, c'est sa fidélité et sa loyauté envers l'Eglise. Car au fond, il était un homme de l'Eglise[29].

Par ailleurs, il nous semble évident que, pour ses explorations théologiques fortement marquées par le platonisme, Origène eût très bien pu se passer de la notion d'une résurrection concrète des morts. Il faut reconnaître effectivement que, dans son examen savant de la prédication apostolique de la foi chrétienne, il n'a pas vraiment réussi à intégrer de façon claire et convaincante la croyance en une résurrection générale des morts à la fin du temps. Il faut donc partiellement donner raison à Eugène de Faye et à Hal Koch, et reconnaître que cet aspect de l'approche origénienne de la résurrection a été occulté dans les études, pour le reste perspicaces, de Henri Crouzel. En tant que chrétien de l'Eglise, Origène ne voulait nier ni le retour concret du Christ ni la résurrection générale des morts, mais au fond il a dû lui être très difficile de considérer que ces croyances concernaient des événements à attendre concrètement. Ce qui l'intéressait, c'était le progrès et la montée spirituels de chaque être humain individuel, dans sa vie terrestre comme après la mort du

---

[29] J.W. Trigg, « Origen Man of the Church », in R.J. Daly (dir.), *Origeniana Quinta*, Louvain, 1992, p. 51 -56.

corps matériel, pour que, finalement, ils forment tous ensemble le corps du Christ.

4. But et Approche méthodologique

En élaborant ce travail axé sur l'interprétation du texte de 1Co 15,12-19, le but est principalement d'apporter une contribution quant à ce, fournissant des connaissances, d'une façon claire, du point de vue biblique et théologique, quant à la foi en la résurrection des morts basée sur la révélation spéciale de Dieu qui se termine à la croix par l'œuvre salvatrice du Jésus mort et ressuscité ; ce, en se basant sur la première épitre de Paul aux Corinthiens au chapitre 15.

Ce travail veut donc répondre aux différents défis liés à la croyance des chrétiens au sujet de la résurrection des morts en vertu de celle du Christ de manière à l'analyser et ainsi dans ce sens renforcer le niveau d'espérance des chrétiens dans la foi en la résurrection sur le jalon de celle du Christ, l'Initiateur et l'Auteur du salut des hommes, Précurseur des croyants dans la résurrection qu'Il a lui-même vécu et expérimenté ; et dans laquelle Il va entrainer ceux-là qui croient en lui, en sorte que la résurrection ne soit pas considéré ni comme une illusion ni moins une hallucination mais plutôt confessée comme une réalité présente en laquelle il est évident de croire.

Dans l'élaboration de ce présent travail, les méthodes historico-critiques dans leurs approches diachronique et synchronique seront donc d'usage. Il sera ici question pour nous d'appliquer à la fois, plusieurs méthodes tout en les combinant et en les agençant vu qu'elles dépendent les unes des autres. Et pour particulièrement notre étude, nous tâcherons de suivre quelques étapes selon le schéma que proposent Guillemette et Brisebois.[30] Avec l'approche diachronique, nous allons pratiquement procéder à l'analyse du thème de la résurrection chez Paul, dans ses épitres, dans le pharisianisme, également dans la philosophie grecque et enfin dans l'Ancien Testament. Ensuite, l'approche synchronique nous permettra d'étudier à travers l'analyse du contexte littéraire et de la structure rhétorique, la péricope que nous nous sommes proposés, 1Co 15,12-19.

---

[30] S. NGAYIHEMBAKO, Cours des méthodes exégétiques du Nouveau Testament : Description des méthodes historico-critique, Inédit, G2, Faculté de Théologie Protestante, ULPGL, Goma, 2016-2017

Chapitre premier

LA RESURRECTION CHEZ PAUL

1. 0. Introduction

Après la partie introductive de ce travail, nous voulons présentement donner d'ambles détails sur la charge sémantique même des thèmes liés à la résurrection auxquels nous allons souvent recourir dans le développement de notre étude. Nous allons comprendre au fur et à mesure que nous poursuivons cette étude que la conception de la résurrection n'est pas seulement de l'apanage de Paul seul. Cependant, nous allons remarquer que c'est une notion aussi vielle que les plus anciennes cultures de l'histoire.

Dans le cadre de nos recherches, nous n'allons-nous limiter que sur les cultures bibliques ciblées dans l'ancien temps comme dans le nouveau testament où nous allons nous attarder un peu trop pour expliciter de quoi il est question au sujet de la résurrection.

1. 1. Qui est Paul de Tarse

Paul est né dans un judaïsme le plus fidèle. Il fait partie d'une élite dans l'Empire, celle de 4 ou 5 millions de citoyens romains.[31] Natif de Tarse, et citoyen romain, Saul est un notable,

---

[31] M-F BASLEZ., *SAINT PAUL*, [S.l.], Fayard, 1991, p19

selon l'identité que lui attribue l'auteur des Actes. Celui qu'on connait par son surnom latin Paul naquit dans une cité agitée vers les années 15, et reçu à sa naissance un état civil romain complet avec les *tria nomina :* prénom, gentilice et surnom. Malheureusement, on ne saura peut-être jamais le nom de famille de Paul, ni même son prénom qui ne faisait qu'un, le plus souvent, avec le gentilice. Il était hébreu, issu d'Hébreux en ligne paternelle comme en ligne maternelle, son père étant de la lignée de Benjamin et sa mère aussi sans doute, parce que la était de se marier au sein de sa tribu. Lors de sa conversion en 34, il était jeune âgé d'une vingtaine d'années.

Paul revendique ses origines pharisiennes soulignant toute sa vie la continuité de son attachement à cette secte du judaïsme et la cohérence absolue de toute son éducation, alors que d'autres parmi ses contemporains entreprenaient, comme les Grecs, une recherche du savoir et multipliaient les expériences avant de s'attacher à une école de pensée. Tout comme le lui fait dire l'auteur des Actes, Paul se sentait bien le fils de son père, aussi pharisien. Visiblement il était donc né d'une famille de lettrés. Cette secte des pharisiens constituait une émanation de la classe des scribes et des spécialistes de l'exégèse biblique, qui s'était séparée, au cours du IIe siècle avant notre ère, du parti sacerdotal traditionaliste quand celui-ci avait viré à l'hellénisme. Ce groupe de penseurs, exégètes, savants, séparés… se rassemblait sous la direction d'un 'maitre', rabbi ou didascale en grec, pour mieux vivre leur recherche de la perfection morale et rituelle. Il importe aussi de dire qu'étant fils de pharisien, Saül fut circoncis à huit jours comme l'exigeait la tradition. Peut-être fut-il aussi voué à Dieu comme un *Nazir*…

Saül fit des longues études, trop longues peut-être dans l'esprit de ses contemporains, comme le prouve cette réflexion d'un Romain cultivé au soir de sa vie : *« Tu es fou, Paul ! Tes multiples études t'ont tourné la tête jusqu'à la folie ! »*. Saül est l'un de ces 'amoureux du savoir' (philomatheis) qui hantaient, à cette époque, les synagogues de Jérusalem et de la Diaspora.[32] Il était passé à la prospérité sous les traits d'un intellectuel, drapé dans une toge comme un rhéteur ou un philosophe païen, portant les rouleaux du docteur et chaussé de sandales comme un homme de lettres itinérant. Saül ne faisait sans doute rien d'autre que ce pourquoi on l'avait formé. Prédicateur de vocation sinon de métier, il porta la contradiction aux hellénistes chaque fois lors des réunions du sabbat dans les synagogues où il passait. Il réussit de ce fait à convaincre les autorités des synagogues qu'on pouvait assimiler les hellénistes à des blasphé-

---

[32] J. REYNOLDS et R. TANNENBAUM, *Jews and God-fearers at Aphrodisias*, Cambridge, 1987,8, 30-34

mateurs. Or les synagogues avaient le droit de punir les manquements aux commandements par les trente-neuf coups de verge *(le makkot arbaim)* et c'est sans doute ce que Paul désignera, dans ce contexte aussi bien qu'à propos de lui-même, comme une persécution.[33] Le jeune Saül s'engagea à fond dans ce combat.

La conversion de Saül eut lieu lors d'un voyage à Damas, comme il l'attestera plus tard dans l'épitre aux Galates en évoquant son retour dans la ville. Paul est la figure emblématique d'un type de conversion, brutale, immédiate, totale, dont l'image fulgurante a frappé les esprits : d'après les récits des Actes, on dirait que Dieu est tombé sur lui comme une foudre, aveuglé par Sa lumière, il fut jeté à terre, et en un instant, son cœur a directement changé ; le persécuteur s'est convertis. Le récit autobiographique de l'épitre aux Galates est le plus précis en dépit de son laconisme et sa très grande réserve. Cette expérience fut pour Paul un appel intérieur comme une élection, et même comme la confirmation d'une prédestination dès le sein maternel ; il y découvre une vocation apostolique particulière parmi les nations païennes. Un appel qu'il considère comme la révélation de Jésus comme Fils de Dieu…

---

[33] D. R. A. HARE, *The Theme of Jewish Persecution of Christian in the Gospel according to St. Matthew,* Cambridge, 1967, pp44-46

Paul vécu et mourut en ‘apôtre’, selon ses propres termes. Il devint la figure emblématique du missionnaire. Il se déplace souvent de son gré malgré, au rythme d’exils ou des captivités imposés par une situation locale qui se tournait contre lui, sans compter le nombre des kilomètres parcourus. Il s’arrêtait dès que possible, s’installant successivement à Anthioche, à Corinthe et à Ephèse. Au fil du temps, il circula même de moins en moins, préférant tout organiser depuis un lieu central utilisant beaucoup de relais et d’intermédiaires qu’il écrivit plus qu’il ne visita. Sa grandeur fut d’avoir su allier le pragmatisme et un certain conformisme social, qui rendait son message recevable par le monde gréco-romain, au courage de l’absurde, quand il devait se démarquer du milieu ambiant pour la gloire de Dieu. Il avait vraiment vécu sa Foi, risquant sa vie, n’hésitant pas à provoquer ses contemporains s’il le fallait, maniant le paradoxe et pouvant faire l’éloge de son Dieu, celui-là parle davantage à la sensibilité de notre siècle.[34]

1. 1. 1. Paul, le pharisianisme et la résurrection des morts

Dans une foulée des pharisiens[35] Jésus proclame la résurrection des morts (ἀνάστασις [τὸν] νεκρῶν) qui, avec le jugement, fait partie de l’enseignement de base des chrétiens et, est

[34] M-F. BASLEZ, *Op.Cit.*, p302

[35] Actes 23,6 ; 24,15

surtout l'œuvre de Dieu. A cette époque du nouveau testament, la foi en la résurrection des morts n'est nettement pas partagée par tout le monde. Les deux grandes sectes, sadducéens et pharisiens se divisent sur ce débat, la première essayant de prouver plutôt l'absurdité de la résurrection (Matthieu 22,23s) alors que la deuxième la confesse.

Les pharisiens, avaient fait de la résurrection des morts un point de doctrine essentiel, pour eux passé dans le judaïsme postbiblique. Tout en cherchant aux aussi, les fondements scripturaires[36], les maitres pharisiens se préoccupaient du sort final réservé au corps, parfois même avec un réalisme qui tranche avec les tendances spiritualisantes des écrits intermédiaires. Bien que certaines pharisiens pensaient que tous ressusciteront, justes et impies pour un sort différent, la majorité s'en tient à la seule résurrection des justes, voire même des repentis.

Différemment des sadducéens contre qui Jésus partage la conception pharisienne de la résurrection, les pharisiens eux professent la résurrection des morts et donc paraissent à Paul comme des alliés virtuels, lors de son procès, en raison de cette foi commune (Actes 23,6-8)[37].

Paul garde de ses origines pharisiennes la vision juive, non point grecque, de la survie, mais qu'il fonde désormais sir

---

[36] Cf. Dt 32,39 ; 1S 2,6 ; Es 26,19 ; Ez 37 ; Jb 10,10ss

[37] R. F. POSWICK et al., *Dictionnaire de la Bible et des religions du Livre,* Judaïsme, Christianisme, Islam, Bruxelles, éditions Lidis, 1985, p374

la résurrection du Christ, à laquelle il donne ses forces jusqu'au bout. A la venue du Seigneur Jésus-Christ (1Co 15,23), Paul n'envisage que des chrétiens, ceux qui sont en Christ (sauf 2Tm 4,1), les morts en Christ ressusciteront et les vivants leur seront réunis. Les morts en Christ lui sont déjà unis. Paul considère que la résurrection est anticipée dans la présente vie de celui qui, par le baptême, participe à la résurrection du Christ. (Ep 2,6 ; Col 3,1ss)

Dans quasi tous les écrits de Paul, la résurrection du Christ et celle de tous les hommes y occupent une place centrale.[38] La doctrine paulinienne de la résurrection corporelle est étroitement liée au fait historique de la résurrection du Christ (1Co 15 ; Col 1,18 ; Rm 5,10), le baptême ne garantissant pas seulement la résurrection future (Rm 6,4s ; 8,7 ; Col 2,12) mais surtout faisant de la résurrection une réalité présente (Col 3,1 ; Eph 2,6)[39].

1. 1. 2. La Philosophie grecque et la résurrection des morts

Paul, dont l'ensemble des missions furent conduites en des territoires typiquement hellénistiques (Antioche, Asie mineure, Grèce), utilise même un vocabulaire qui doit beaucoup à la philosophie grecque (1Co 1,22-24 ; Ep 1,9 ; He 1,3), évoque

[38] Rm 1,4 ; 4,17 ; 1Co 15 ; 1Th 4,13-18 ; etc

[39] R. F. POSWICK et al., *Op.Cit*, p374

à plusieurs reprises certains traits de la civilisation hellénistique et ne dédaigne pas quelques références discrètes à la littérature grecque (1Co 15,32).[40] Pour beaucoup, la philosophie grecque est la philosophie par excellence. C'est chez les Grecs en effet que la philosophie s'est constituée à l'état de discipline autonome, distincte à la fois de la religion et des sciences positives. C'est chez eux qu'elle a peut-être été portée à son plus haut point d'achèvement. La philosophie grecque commence environ 600 ans av. J.-C., et finit dans le VIe siècle de notre ère.[41]

Au contact des vielles civilisations orientales, la culture grecque s'était modifiée considérablement, perdant son homogénéité quoique présentant, dans les royaumes hellénistiques des traits communs comme une même organisation économique et sociale, une même langue véhiculaire, le grec sous sa forme internationalisée appelée koinè. A côté des grands courants qui continuaient à nourrir la pensée grecque (aristotélisme, platonisme, scepticisme, épicurisme et stoïcisme), les cultes orientaux, principalement les cultes à mystère s'étaient propagés dans l'ensemble du monde hellénistique avec une ampleur extraordinaire.[42]

---

[40] *Ne vous y trompez pas, « les mauvaises compagnies corrompent les bonnes mœurs »*, Bible, Segond21, Genève, 18ème Société Biblique de Genève, 2015

[41] http://www.cosmovisions.com/philosohies.htm site consulté le 28 Mai 2018

[42] [ANONYME], Commentaire des épitres pauliniennes, *La première épitre aux corinthiens*, [S.l.], [S.n.], [S.d.], p214

Dans la philosophie grecque, c'est la « métaphysique », sous-entendant toute conception de ce qui est au-delà de la perception physique du monde, fondée sur le dualisme, c'est-à-dire sur la distinction entre l'âme et le corps, qui explique l'immortalité de l'âme, alors que le corps est périssable. L'âme désincarnée ne retourne pas au séjour divin après une seule vie. Comme l'enseignait Pythagore, les âmes vivent plusieurs existences successives et s'incarnent dans différents corps. Or, dans les temps qui ont précédé leur vie actuelle, et tandis qu'elles étaient affranchies de toute enveloppe corporelle, elles ont contemplé les vérités éternelles. Réincarnées, elles en conservent une conscience obscure, un souvenir estompé, mais qui peut, sous l'effet d'une attention active, reprendre ses couleurs.[43] La notion d'immortalité de l'âme, comme étant la première expression de foi en la survie dans la philosophie grecque, apparait à l'époque grecque classique pendant laquelle se développe également la théorie des transmigrations. L'âme est libérée à travers la mort, qui dissout le composé qu'était l'être vivant, le corps séparé de l'âme. La conviction de la survie pour les grecs était fondée sur les apparitions oniriques des défunts, les rêves étant considérés pour eux comme le terrain d'intervention des êtres surnaturels. Cette espérance de survie se distinguait de la

[43] J. HUMBERT et H. Berguin, *Histoires illustrées de la littérature grecque*, [S.l.], Editions Didier, [S.d.], p

foi juive en la résurrection.[44] Seules seraient considérées comme historiques les apparitions du Christ inscrites dans la liste paulinienne de 1Co 15 que l'Apôtre, comme pour convaincre de la validité de son enseignement et de la légitimité de son apostolat, introduit par un crédo puisqu'il est au point de livrer un message extrêmement important sur la résurrection des corps remise en question par les Corinthiens, pourtant admettant celle du Christ.[45]

1. 1. 3. La résurrection dans les Lettres de Paul

Du latin *ressurectio,* la résurrection est traduite en français comme le retour de la mort à la vie ou encore dans le langage familier comme une guérison surprenante, inopinée qui peut encore se dire se traduire par ressuscitation.[46] La résurrection, avec une majuscule au début, se réfère à la fête où l'Eglise célèbre la résurrection de Jésus-Christ, dite Pâques. A l'image de certains héros antiques, Jésus doit sa résurrection au fait qu'il est le Fils de Dieu. Le retour à la vie ne constituait pas au début du judaïsme le propre des messies. C'est l'avènement Jésus qui en a surtout conférer le monopole au christianisme.

Paul, dans son activité missionnaire, a fait l'expérience du mystère de la mort et de la résurrection du Christ : n'étant

---

[44] O. MAINVILLE, D. MARGUERAT et al., *Résurrection, L'après-mort dans le monde ancien et le Nouveau Testament*, Montréal, Médiaspaul, 2001, pp13, 74-75
[45] Ibidem, p175-176
[46] Dictionnaire français, application Android sur http://wiktionary.org

pas un événement qui appartiendrait au passé seulement. Dans la communauté de Thessalonique, comme dans la plupart des communautés chrétiennes, plusieurs questions se posaient au sujet de la résurrection du Christ et de son retour, du sort des chrétiens morts avant le retour du Christ et ceux qui pourront être encore en vie. En s'adressant aux fidèles Thessaloniciens, Paul essai de dissiper toutes ces craintes de ses correspondants (4,13-18) qui craignent mourir avant le jour tant attendu.

> *L'espérance demeure, fondée qu'elle est sur la résurrection du Christ et sur la puissance de Dieu qui a ressuscité Jésus ; un chrétien n'est pas un mort à jamais. Le Ressuscité n'oubliera aucun des siens et tous participeront au grand jour et à la gloire. Les chrétiens morts ressusciteront d'abord, le moment venu, et, en compagnie des chrétiens vivants, ils iront à la rencontre du Seigneur pour demeurer avec lui pour toujours.*[47]

Paul arrive, au cours de son second voyage vers l'an 50, dans la ville de Thessalonique située au fond du golfe Thermaïque, au nord de la Grèce ; une cité commerciale très florissante où vivent de nombreux étrangers dont les juifs en importante colonie[48].

A Thessalonique, Paul avait eu beaucoup de succès auprès des prosélytes et des Grecs dans ses prédications à la synagogue,

---

[47] [ANONYME], Bible, *Op.Cit.*, pp2867-2868

[48] [ANONYME], Bible, *édition intégrale Traduction œcuménique de la Bible*, éditions du Cerf, Paris, 1988, p2863

mais il eut des difficultés provoquées par les juifs qui lui contraignent finalement à quitter sa communauté à peine formée.[49] Paul ne pouvait que s'inquiéter du sort de sa jeune communauté chrétienne, mais, il n'a pas du tout besoin de redresser des erreurs car sachant que les frères Thessaloniciens sont dans la bonne voie. Il en a l'assurance, une pleine satisfaction et la certitude même de sa foi (1Th 3,7). Il fait de l'existence de cette communauté de Thessalonique son espérance, sa joie, l'orgueil qui sera sa récompense en présence du Seigneur lors de sa venue (2,19).

Déjà dans son épitre aux Romains, au chapitre premier (v4), Paul confirme sa mission d'annoncer l'Evangile de Dieu concernant son Fils Jésus-Christ déclaré tel par sa résurrection d'entre les morts dont l'Apôtre garde la ferme conviction de son salut, du don de la grâce et de son apostolat. Il continue au sixième chapitre apportant une nouvelle précision qu'étant déjà lié au Christ, tout comme il est ressuscité des morts, nous le serons aussi par la conformité à sa résurrection, la résurrection du Christ. Le thème de la résurrection revient plusieurs fois chez Paul, en Philippiens, en 2Timothéé, en Hébreux mais beaucoup plus en 1Corinthien.

[49] Ibidem ; les juifs avaient accusé Paul qu'il agissait contre les décrets impériaux, ce qui faisait que certains chrétiens étaient traînés devant les magistrats (Actes 17,5-6)

Selon 1Corinthiens, 15 précisément, la résurrection, sous entendue celle du Christ et celle du futur de ceux qui seront endormis en Lui, c'est le fondement de la Foi chrétienne. Ce concept, résurrection, est désigné en grec, par le verbe **ἐγείρω** (je réveille) (1Co 15,4, 12, 14, 15, 16, 17, 20, 29, 32, 35, 42, 43, 44, 52) et par le substantif **ἀνάστασις** (relèvement) (1Co 15, 13, 21, 42). Dans les deux cas, le réveil et le relèvement concernent les **νεκρὸς**, c'est-à-dire les morts dans le sens de cadavres. Ce terme est à distinguer de l'euphémisme **κοιμάομαι** (je dors) (1Co 15, 6, 18, 20, 51) pour parler de ceux et celles qui « dorment » dans le sens de ceux qui sont décédés. Le substantif **θάνατος** (mort) (1Co 15, 21, 26, 54, 55, 56) apparait aussi pour parler de la mort comme réalité générale ou comme réalité personnifiée. Le substantif **ἀθανασία** (immortalité) en 1Co 15, 53-54 et l'adjectif **θνητός** (mortel) dans le même précédent passage, démontrent que le fil conducteur du chapitre tourne autour de la résurrection des morts.

Quant à la croyance en la résurrection de la chair, une objection se fait voir dans les questions lancées à partir du verset 35 (1Co 15). Et la réaction de Paul à cela (Insensé !)[50] se justifie par le fait que lui-même ne pensait pas qu'une personne sage pourrait poser pareille question. Ainsi, l'évidence de sa réponse.

---

[50] Littéralement ça peut se dire : Etourdi ! C'est-à-dire, qui agit sans réflexion, qui manque de sens

Grâce à l'exemple qu'il donne, la croyance en la résurrection est comme la croyance aux semailles et aux moissons (1Co 15,36-38) ; on ne peut complètement comprendre ni l'un ni l'autre, pourtant les deux sont réelles. Dieu, lui, donne corps à chaque semence de façon particulière de telle sorte qu'aucune chair n'est identique à une autre. Paul suggère la différence entre corps naturel et spirituel (Da 12,3 où les saints ressuscités seront comparés à des étoiles), le premier, corps naturel terrestre est déchu et par conséquent temporel, imparfait, faible, corruptible, méprisable. Le second céleste, sera, à la résurrection, éternel, parfait, fort, incorruptible, glorieux51. La récolte entière sera comme les prémices, le grain doit d'abord mourir, ensuite émergera le corps spirituel.

1. 1. 4. La question de la résurrection à Corinthe

Plus grande ville de la Grèce avec environ plus d'un demi-million d'habitants avec deux-tiers d'esclaves au temps de Paul lorsqu'il s'y rendit, Corinthe date du IXè Siècle avant Jésus-Christ et doit son importance à sa situation géographique exceptionnelle au point d'intercession des routes nord-sud et des communications Est-ouest, c'est-à-dire Asie-Italie d'où la facilité d'Echange des marchandises entre ces deux contrées si distantes l'une de l'autre.

[51] 1Co 15,42-44

Une corinthienne et aussi un corinthien, dans tout le monde antique, étaient successivement une prostituée et un coureur de jupons. Corinthe jouissait d'une mauvaise réputation, et les corinthiens étaient d'ailleurs connus comme des ivrognes généralement.[52]

Le séjour prolongé de Paul, allant jusqu'à peu près dix-huit mois, lui avait donné l'occasion de constater les dégradations morale de l'homme dans le paganisme ; et ainsi donc, former une communauté chrétienne rassemblée autour de sa prédication ; quoiqu'il ait été précipité à quitter cette ville. Sur base tout de même des nouvelles de Corinthe qu'il reçoit par les gens de la maison de Chloé (1Co 1,11), supposant qu'il s'agissait des esclaves d'une chrétienne riche de Corinthe qui sont en voyage d'affaires à Ephèse, et également des trois émissaires qui les rejoignent à Ephèse (1Co 16,17) et restent avec la lui pendant la rédaction afin de rapporter avec eux cette lettre aux corinthiens abordant diverses questions entre autre que certains membres de l'église enseignent qu'il n'y a pas de résurrection des morts (1Co 15,1-58). Paul écrit pour encourager la nouvelle communauté chrétienne à garder la foi en dépit du danger permanent qu'elle court de rester présente dans une culture païenne. Au

---

[52] [ANONYME], *Op.Cit,* p110

sujet de la résurrection, le chapitre 15 de cette lettre vient donner une correction d'une erreur doctrinale.[53]

Corinthe, aussi un des principaux centres culturels, ses habitants pouvaient se vanter de leur intérêt pour la philosophie et la connaissance (1Co 1,17-31) où des rhéteurs et des écoles de philosophie y étaient nombreuses ; la pensée de la résurrection des morts n'y avait guère aucun n'enracinement possible vue la culture influencée par des philosophes dualistes[54]. C'est à cette opposition ou reniement de la résurrection des morts que Paul rétorque affirmant ce point de vue contesté, sans autant chercher à prouver philosophiquement la possibilité de la résurrection, mais cependant, en montrant que si les morts ne ressuscitent pas, Christ non plus n'était pas ressuscité (15,13.16), et que donc par conséquent, la foi des corinthiens est vide.(15,14)

---

[53] Idem, p118

[54] Le dualisme est un courant philosophique qui conçoit deux principes à l'origine et comme explication d'un certain nombre des réalités, et plus fondamentalement de la création elle-même. Le judaïsme, dans l'histoire de sa pensée n'est pas exempt d'influences dualistes de sources diverses : néo-platonisme, gnosticisme... etc. chez Philon d'Alexandrie, par exemple, on assiste à une opposition entre l'esprit et la matière. Origène, pour préciser sa compréhension de la résurrection, il ne se sert pas seulement du logos *spermatikos* du stoïcisme, mais aussi, entre autres, du concept de εἶδος dans son sens platonicien et aristotélicien de *« forme »* opposé à la matière, et du concept de οὐσία, *« essence »*. Il souligne que le corps matériel ne peut pas ressusciter, ne serait-ce que comme le corps humain change au jour le jour. Pourtant, l'identité humaine ne se trouve pas seulement dans l'âme, mais aussi dans l'εἶδος et l' οὐσία du corps, lesquels, dans la résurrection, seront rendus à l'âme. Selon Origène, donc, le corps ressuscité sera spirituel, ayant le même εἶδος et la même οὐσία que le corps terrestre, sans être matériel. Cf. P. Nautin, *Origène, sa vie et son œuvre*, Paris, [S.n.], 1977, p. 296-300

1. 2. La résurrection dans l'Ancien Testament

La résurrection est une doctrine tard venue dans la Bible où nous ne trouvons pas d'ailleurs un enseignement systématique sur la vie après l'au-delà ou d'outre-tombe des grands hommes comme Abraham, Isaac, Jacob, Moise, Aaron, David et Salomon[55], bien qu'Israël fût toujours convaincu de la survivance de l'homme après la mort dans le shéol, et de laquelle préoccupation de la mort et des défunts plusieurs efforts furent entrepris pour en sortir l'homme à l'époque biblique du judaïsme. C'est au IIe Siècle av. JC avec le texte de Daniel 12,2 qu'on en aura une expression claire et définitive. Son éclosion fut longtemps retardée d'abord par le fait que les cananéens et les autres peuples du Moyen-Orient ancien avaient une conception naturaliste selon laquelle un dieu, Baal, Tammuz, Oziris,… cycliquement passait par la mort et la revivification. Et ensuite par le fait que Israël avait conscience du pouvoir illimité de YHWH s'étendant jusqu'aux enfers eux-mêmes (Am 9,2s ; Is 7,11 ; Jb 38,17 ; Ps 139,8). C'est donc en réponse à la réclamation de la résurrection des justes persécutés[56] que des textes apocalyptiques vont être écrits. L'accent y est placé, non sur une

---

[55] M. Paluku, *Initiation au Judaïsme*, Eagle Graphics, Portland, Oregon (USA), 1992, p27

[56] Occasion historique de la persécution d'Antiochus IV (167-164), dont les actions sont qualifiées d' « Abomination de la désolation » par Daniel et les livres des Maccabées. Ce roi, un des six de la dynastie des Séleucides, est présenté dans les livres de Daniel et Maccabées comme personnification du mal, d'un caractère violent… bien accueilli par le Grand Prêtre et le parti hellénistique lors d'une première visite à Jérusalem en 175, il

immortalité intrinsèque de l'homme, mais au contraire sur la puissance miraculeuse de Dieu.

Dans la Bible hébraïque, la résurrection des morts n'y trouve place que progressivement. De ceci, il est nécessaire d'exclure les retours à la vie terrestre retrouvées en 1R 17,17-24 et 2R 4,31-37; 13-21 opérés successivement par Elie et Elisée qui s'apparentent aux guérisons d'individus et ne préjugent en rien du sort final de l'humanité. Ces récits s'appuient sur la foi dans le pouvoir de YHWH sur le shéol[57], pouvoir d'être capable de sauver quelqu'un près à mourir ; un malade, le persécuté, bref celui qui est privé de tout Shalom « paix », se considère déjà comme le shéol (Ps 18,25 ; 30,4 ; 40 ; 30,4 ; 40,3 ; 56-14).

Les concepts de résurrection et immortalité populaires chez les peuples du Proche-Orient, avaient été introduits dans le judaïsme rabbinique vers le début de l'ère chrétienne. Les juifs aspiraient qu'un individu trouverait son accomplissement en fondant sa destinée personnelle dans l'immortalité de son

---

y revient furieux après sa défaite par les romains pillant le trésor du Temple et ordonnant l'hellénisation brutal des juifs : destruction des livres saints, interdiction de la circoncision, violation du sabbat, introduction des cultes païens et érection d'un autel de Zeus olympien sur l'autel des holocaustes...

[57] Ce terme désignait la partie inférieure du monde sans autre précision. Son étymologie reste inconnue. Dans plusieurs versets de la Bible, il signifie simplement le tréfonds de la terre (Dt 32,22 ; Ps 86,13 ; Am 9,2), mais le plus souvent le mot shéol désigne le séjour des morts, vie après la mort. Dans les livres les plus récents de la Bible hébraïque, le shéol est présenté comme un vaste empire qui avale les gens tout vifs (Is 5,14 ; Ha 2,5 ; Pr 1,12 ; on peut cependant remonter du shéol.

peuple. Dans l'acceptation des rabbins d'un autre monde, annonçant une promesse de fin heureuse qui accompagne l'existence terrestre de l'homme, ils n'avaient jamais rejeté ce présent monde, mais plutôt embrassaient les deux (…). Selon la doctrine rabbinique de la résurrection, les corps des morts sortiront de la terre un jour dans l'avenir, les âmes étant convoquées de lieu ou état où elles auront été soumises ainsi le corps et l'âme seront réunis à nouveau sans en préciser la durée et la forme (entre matière et esprit) dans l'autre monde imaginée différemment par différents rabbins.

1. 3. Conclusion partielle

Nous venons dans cette partie, d'esquisser, quelques généralités importantes sur Paul par rapport à la résurrection, en considérant les différentes communautés dans lesquelles il a pu passer du temps du cours de sa vie. Ce, compte-tenu du fait qu'à chaque contact, il était nécessairement influencé par la nouvelle culture, les nouvelles croyances… qui devrait certainement avoir un effet sur lui. C'est comme quand il rencontre finalement le Christ sur le chemin de Damas, désormais il change même de nom et veille à accomplir la mission lui confié par la grâce du Christ Ressuscité, qu'importe combien cela va lui couter.

L'annonce de Jésus-Christ Ressuscité demeure pour Paul la plus grande priorité, en dépit de ses origines ni de ses anciennes croyances. Raison pour nous d'avoir parlé ici du pharisianisme, de la philosophie grecque, les opposant à Paul, à sa nouvelle croyance en Christ ; nous avons également parlé de la résurrection dans les lettres de Paul, de la question de la résurrection des morts à Corinthe, parce que ce fut au départ un grand malentendu pour les Corinthiens de s'imaginer à l'idée voire même de croire qu'un mort ressuscite pourtant, croyant en la résurrection du Christ, prémices de celle de tous les croyants en Lui. Et enfin, nous avons évoqué la question de la résurrection dans l'Ancien Testament, dans le judaïsme donc.

Chapitre deuxième

LA RESURRECTION DES MORTS AFFIRMATION DE LA RESURRECTION DU CHRIST
SELON 1Co 15,12-19

5. 0. Introduction

Cette partie est beaucoup plus importante dans notre travail compte tenu des éléments clés qu'elle nous fait découvrir du point de vue de l'étude même approfondie du texte que nous nous sommes proposés. Il est question de dégager une étude exégétique pour une compréhension plus ou moins originale ou proche de l'originale de ce texte sous étude tout en procédant également à son interprétation.

6. 1. Transmission et traduction de 1Co 15,12-19

Cette étape nous permet de retrouver le texte original ou proche de l'original du passage en étude, compte tenu du fait qu'il faut être sûr de l'authenticité du texte avant d'interpréter. Dans l'étude de 1Co 15,12-19 nous avons rencontré un problème au niveau du verset 15 où se situe même la problématique de notre recherche :

15. εὑρισκόμεθα δὲ καὶ ψευδομάρτυρες τοῦ θεοῦ, ὅτι ἐμαρτυρήσαμεν κατὰ τοῦ θεοῦ ὅτι ἤγειρεν τὸν Χριστόν, ὃν οὐκ ἤγειρεν ***εἴπερ ἄρα νεκροὶ οὐκ ἐγείρονται.***

Ce texte ci-haut en gras italique est une partie de la tradition omise dans certaines traditions. En fait, le copiste, tout en essayant de toute manière d'allonger le texte, aurait préféré ajouter ce texte pour essayer de rendre le verset plus intelligible et surtout couvrir les moindres soupçons qui naitraient de cette pensée : *C'est parce que les morts ressuscitent* (présent) *que le Christ était ressuscité* (dans le passé) et que ***donc***, finalement, ***la résurrection des morts*** est là, elle ***existe***.

Cette tradition, du texte ajouté vers la fin du verset 15 qui fait objet de la problématique de notre travail, est attesté par les manuscrits **D *pc* a b r vg^{mss} sy^{p} ; Ir^{lat} Tert Ambst.**

7. 2. Traduction[58]

L'Apôtre entreprend, dans cette péricope, de montrer aux négateurs de la résurrection des morts, qui ont pourtant accueilli le message de la résurrection du Christ, l'incohérence de leur position du fait qu'en niant la résurrection des morts ils nient aussi celle du Christ,[59] d'où le risque d'une foi illusionnaire ou mieux encore illusoire.

« ἐγήγερται » est, au verset 14, un vrai parfait, à sens présent aussi bien que passé : Ceux qui nient la résurrection des morts nient également celle de Christ en tant qu'événement du passé mais aussi la mainmise libératrice de Dieu sur le présent que cet événement signifie et inaugure.

[58] L'étude grammaticale dans cette partie de la *Traduction du texte* est inspirée de l'ouvrage de M. CARREZ, *Grammaire grecque du Nouveau Testament*, Genève, 1985
[59] Qui nie l'effet a nié la cause : Senft C., Op.Cit., p193

La vanité de foi « κενὴ καὶ ἡ πίστις ὑμῶν » au même verset est aussi développé au v.16s et 18s tandis que la vanité de prédication « κενὸν ἄρα [καὶ] τὸ κήρυγμα ἡμῶν » est reprise dans la curieuse réflexion sur le témoin au v.15. κενὴ, vide, du v.14, signifie *vain, inutile, sans effet.*

« ἄρα » au v.18 se rapporte au v.16 où l'Apôtre soulève une autre conséquence *(καὶ)* pour dire qu'*être en Christ sans la résurrection des morts n'est qu'un salut à terme.* Ce qui fait que ceux qui meurent en Christ ne sont dès lors que dans la mort définitivement sans espérance aucune en la vie ni au règne du Christ. Cette désastreuse conséquence s'applique aussi aux chrétiens vivants, v.19.

La traduction de 1Co 15,12-19 est donc la suivante :

> *12. Si l'on prêche que Christ est ressuscité des morts, comment certains d'entre vous disent-ils qu'il n'y a pas de résurrection des morts ?*
>
> *13. S'il n'y a pas de résurrection des morts, Christ non plus n'est pas ressuscité,*
>
> *14. et si Christ n'est pas ressuscité, notre prédication est vide, et vide aussi votre foi.*
>
> *15. Il se trouve même que nous sommes de faux témoins de Dieu, car nous avons porté un contre-témoignage en affirmant que Dieu a ressuscité le Christ alors qu'il ne l'a pas ressuscité, s'il est vrai que les morts ne ressuscitent pas.*

16. Si les morts ne ressuscitent pas, Christ non plus n'est pas ressuscité.

17. Et si Christ n'est pas ressuscité, votre foi est illusoire, vous êtes encore dans vos péchés.

18. Dès lors, même ceux qui sont morts en Christ sont perdus.

19. Si nous avons mis notre espérance en Christ pour cette vie seulement, nous sommes les plus à plaindre de tous les hommes.

8. 3. Contexte littéraire large, proche et immédiat de 1Co 15,12-19

Dans les lignes qui vont suivre nous voulons aborder le contexte, non pas du point de vue géographique, historique ou du moins culturel de notre texte sous études, mais plutôt littéraire que nous allons développer à trois niveaux : *le contexte large, le contexte proche et le contexte immédiat.* Ceci nous permettra au cours de notre étude de déterminer de quelle texture notre texte fait partie selon qu'il doit être lu pour être bien compris.

1. Paul et la prédication de la croix

Cette première épitre de Paul aux corinthiens contient une diversité des sujets qui fait d'elle la plus pratique et variée de toutes les autres. Cependant, nous remarquons que le thème unique et central est généralement une application de la doctrine de la croix à toute la vie individuelle et collective des chrétiens.

Dans notre texte sous étude, *prédication*[60] *et foi*[61] reviennent successivement au chapitre 2 verset 4 de la même épitre et au chapitre 2 verset 5, chapitre 12 verset 9 et enfin au chapitre 13 verset 13. Nous constatons que le kérygme de Paul à Corinthe n'a essentiellement tourné que sur la prédication du Messie crucifié, ainsi la foi en ce dernier.

Au chapitre 2,1-5, le deuxième verset précisément, semble-t-il que Paul ne fut pas le premier à venir (aller) à Corinthe aussi bien que les corinthiens auraient déjà certainement appris au sujet du Messie crucifié.[62] C'est donc sur ce scandale de la croix qu'est centré le kérygme de Paul. Scandale parce que le Messie n'était pas sensé mourir, il était considéré fort, glorieux, puissant… (dans la pensée juive) différent de celui décrit par Esaïe 53[63], le Christ crucifié que Paul proclame. Selon qu'elle est écrite, cette première lettre aux corinthiens où

---

[60] 1co 15,14

[61] 1co 15,14 et 17

[62] 1co 1,23

[63] *« Toutefois il s'est élevé devant lui comme une jeune plante, comme un rejeton qui sort d'une terre dessechée ; il n'y avait en lui ni beauté, ni splendeur, quand nous le regardions, ni apparence qui nous le fasse désirer. Il était le méprisé et le rejeté des hommes, homme de douleur, et sachant ce que c'est la maladie ; et nous avons comme caché nos visages devant lui, tant il était méprisé ; et nous ne l'avons pas estimé (…) ».* Bible de Jésus-Christ, version électronique : https://play.google.com/store/apps/details?id=bjc.bibledejesuschrist

l'Apôtre est calme, sans rien imposer mais cherchant à faire réfléchir les corinthiens et à entrainer leur adhésion[64] à cette doctrine de la croix, ne serait pas celle à laquelle Paul fait allusion en 2corinthiens 2,4 où par contre il écrit dans l'angoisse et les larmes.

2. La résurrection du Christ, prémices de la résurrection des morts

Parler de la résurrection sous-entend qu'il y a eu mort bien avant. C'est pourquoi pour que quelqu'un soit proclamé ressuscité c'est qu'il a été déclaré mort de prime à bord. La résurrection des morts demeure une réalité pour l'Apôtre Paul, il essai de tout point de vue de combattre l'idée selon laquelle il n'y en a point. Au verset 32 de 1co 15, il émet un raisonnement syllogistique dont il passe sous silence les deux dernières propositions faisant mention seulement de la majeure[65] sans citer la mineure[66] et la conclusion[67]. La véracité de la résurrection du Christ est la raison pour tous les croyants de rester en garde sans se laisser asservir par quoi que ce soit mais seulement sur ce qui édifie.

---

[64] A. KUEN, *Introduction au Nouveau Testament, les lettres de Paul*, Saint Légier, Editions Emmaüs, 1986, p123

[65] 1Co 15,32 ...si les morts ne ressuscitent pas, mangeons et buvons car demain nous mourons : *Devise dans l'épicurisme : carpe diem*

[66] La mineure à ce niveau serait : « *Or les morts ressuscitent* »

[67] La conclusion pourrait donc être une mise en garde sur la morale, la conduite, les comportements... faisant référence au chapitre 6 sur les limites de la liberté chrétienne, la sainteté du corps interdit son abus pour des relations sexuelles illicites.

Au verset 35, Paul soulève une question que se posent plusieurs sur le mode de la résurrection des morts, comment les corps des morts ressusciteront-ils... Pour s'expliquer, il donne un exemple vivant d'un grain de blé ou d'autres choses semé nu et qu'on récolte par après avec un corps particulier d'éclat, le comparant exactement à quoi ressemblera la résurrection des morts. Les morts devront donc subir une transformation entière de leurs corps, c'est-à-dire ressuscité dans la gloire, plein de force, incorruptible, avec des éclats différents...

3. La dimension physique et spirituelle de la mort à l'image d'Adam et du Christ

Pour parler de la résurrection du Christ, Paul part des affirmations fondamentales du kérygme évangélique en 1cor 15,1-11 dont il fait mention ici des différentes apparitions du ressuscité. Dans cette partie, la mort est définie d'un point de vue physique ou disons humain.[68]

Un autre point de vue est à ce niveau spirituel[69], et qui demande à faire recourt à la foi pour une telle espérance (la foi en la résurrection). En 1cor 15,20-28, la résurrection prend une connotation beaucoup plus spirituelle. Elle ne se limite plus sur le plan matériel (résurrection corporelle) mais atteint tout l'homme, c'est-à-dire l'homme tout entier : *la résurrection à la*

---

[68] vv3 : Christ est mort et enseveli, ressuscité le troisième jour

[69] vv6 : « *quelques-uns sont morts* », un euphémisme pour essayer d'amplifier le langage. Cela peut se comprendre par « *quelques-uns sont endormis* »

vie éternelle dans la justice, une réalité qui n'est saisie que par la foi, ce qui implique sa mort éternelle du péché. [70]Par la mort et la résurrection du Christ, il libère de la domination du péché tous les hommes (qui ont péché en Adam)[71]. On peut donc comprendre cela à deux niveaux : d'abord qu'Adam, père de l'humanité, a transmis un héritage de mort à ses descendants, ou alors que par avance tous les péchés de l'humanité étaient contenus dans la révolte d'Adam.[72] Ainsi donc, par Christ, le second Adam, tous ressusciteront.

9. 4. Structure rhétorique de 1Co 15,12-19

La compréhension de cette péricope, du quinzième chapitre de la première épitre de Paul aux corinthiens du verset 12 à 19, nécessite plus essentiellement qu'on procède à une analyse rhétorique pour saisir enfin les rapports d'opposition et de similitude qui organisent le texte ou la péricope sous étude.

Au cours de l'étude de cette péricope, nous sommes parvenus à une composition selon laquelle les unités sont arrangées suivant un ordre symétrique et disposées de façon concentrique, c'est-à-dire ayant toutes un même centre, un élément central : **A**

[70] vv22 : ...tous meurent en Adam, en Christ tous recevront la vie...

[71] Traduction de la Vulgate : Romains 5,12 ...tous ont péché

[72] Bible, *Traduction Œcuménique de la Bible,* Commentaire [*h*] de Rm 5,12, Paris, les éditions du Cerf, 1988, p2711

B [C] A’ B’. Ainsi, cela se représente de la manière suivante dans cette péricope :

Εἰ δὲ Χριστὸς κηρύσσεται ὅτι ἐκ νεκρῶν ἐγήγερται, πῶς λέγουσιν ἐν ὑμῖν τινες ὅτι ἀνάστασις νεκρῶν οὐκ ἔστιν; εἰ δὲ ἀνάστασις νεκρῶν οὐκ ἔστιν, οὐδὲ Χριστὸς ἐγήγερται· εἰ δὲ Χριστὸς οὐκ ἐγήγερται, κενὸν ἄρα [καὶ] τὸ κήρυγμα ἡμῶν, κενὴ καὶ ἡ πίστις ὑμῶν, εὑρισκόμεθα δὲ καὶ ψευδομάρτυρες τοῦ θεοῦ, ὅτι ἐμαρτυρήσαμεν κατὰ τοῦ θεοῦ ὅτι ἤγειρεν τὸν Χριστόν, ὃν οὐκ ἤγειρεν εἴπερ ἄρανεκροὶ οὐκ ἐγείρονται. εἰ γὰρ νεκροὶ οὐκ ἐγείρονται, οὐδὲ Χριστὸς ἐγήγερται· εἰ δὲ Χριστὸς οὐκ ἐγήγερται, ματαία ἡ πίστις ὑμῶν, ἔτι ἐστὲ ἐν ταῖς ἁμαρτίαις ὑμῶν. ἄρα καὶ οἱ κοιμηθέντες ἐν Χριστῷ ἀπώλοντο. εἰ ἐν τῇ ζωῇ ταύτῃ ἐν Χριστῷ ἠλπικότες ἐσμὲν μόνον, ἐλεεινότεροι πάντων ἀνθρώπων ἐσμέν.

A **12** Εἰ δὲ Χριστὸς κηρύσσεται ὅτι ἐκ νεκρῶν ἐγήγερται, πῶς λέγουσιν ἐν ὑμῖν

τινες ὅτι ἀνάστασις νεκρῶν οὐκ ἔστιν;

13a εἰ δὲ ἀνάστασις νεκρῶν οὐκ ἔστιν,

B **13b** οὐδὲ Χριστὸς ἐγήγερται·

14 εἰ δὲ Χριστὸς οὐκ ἐγήγερται, κενὸν ἄρα [καὶ] τὸ κήρυγμα ἡμῶν, κενὴ καὶ ἡ πίστις ὑμῶν,

C **15** εὑρισκόμεθα δὲ καὶ ψευδομάρτυρες τοῦ θεοῦ, ὅτι ἐμαρτυρήσαμεν κατὰ τοῦ θεοῦ ὅτι ἤγειρεν τὸν Χριστόν, ὃν οὐκ ἤγειρεν εἴπερ ἄρα νεκροὶ οὐκ ἐγείρονται.

B’ **16** εἰ γὰρ νεκροὶ οὐκ ἐγείρονται, οὐδὲ Χριστὸς ἐγήγερται·

17 εἰ δὲ Χριστὸς οὐκ ἐγήγερται, ματαία ἡ πίστις ὑμῶν, ἔτι ἐστὲ ἐν ταῖς ἁμαρτίαις ὑμῶν.

A’ **18** ἄρα καὶ οἱ κοιμηθέντες ἐν Χριστῷ ἀπώλοντο.

19 εἰ ἐν τῇ ζωῇ ταύτῃ ἐν Χριστῷ ἠλπικότες ἐσμὲν μόνον, ἐλεεινότεροι πάντων ἀνθρώπων ἐσμέν.

Blocs

A

12 *Εἰ δὲ* Χριστὸς κηρύσσεται ὅτι ἐκ νεκρῶν ἐγήγερται, πῶς λέγουσιν ἐν ὑμῖν τινες ὅτι *ἀνάστασις νεκρῶν οὐκ ἔστιν;*

13a *εἰ δὲ ἀνάστασις νεκρῶν οὐκ ἔστιν,*

B

13b οὐδὲ *Χριστὸς ἐγήγερται·*

14 εἰ δὲ *Χριστὸς οὐκ ἐγήγερται, κενὸν* ἄρα [καὶ] τὸ κήρυγμα *ἡμῶν, κενὴ* καὶ ἡ πίστις *ὑμῶν,*

C

15 *εὑρισκόμεθα δὲ καὶ ψευδομάρτυρες τοῦ θεοῦ, ὅτι ἐμαρτυρήσαμεν κατὰ τοῦ θεοῦ ὅτι ἤγειρεν τὸν Χριστόν, ὃν οὐκ ἤγειρεν εἴπερ ἄρανεκροὶ οὐκ ἐγείρονται.*

B’

16 <u>εἰ</u> γὰρ νεκροὶ οὐκ ἐγείρονται, οὐδὲ *Χριστὸς ἐγήγερται·*

17 <u>εἰ</u> δὲ *Χριστὸς οὐκ ἐγήγερται*, ματαία ἡ πίστις ὑμῶν, ἔτι ἐστὲ ἐν ταῖς ἁμαρτίαις ὑμῶν.

A'

18 ἄρα καὶ οἱ κοιμηθέντες *ἐν Χριστῷ* ἀπώλοντο.

19 εἰ ἐν τῇ ζωῇ ταύτῃ *ἐν Χριστῷ* ἠλπικότες ἐσμὲν μόνον, ἐλεεινότεροι πάντων ἀνθρώπων ἐσμέν.

4. 4. Schéma et explication de la péricope

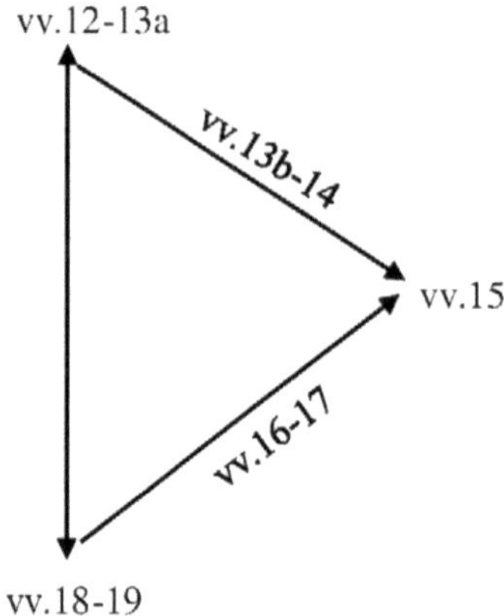

A – A' : vv12-13a // 18-19

Dans ce bloc, du verset 12 à 13a nous trouvons une expression similaire ἀνάστασις νεκρῶν οὐκ ἔστιν, dont l'équivalent en français est *la résurrection des morts n'existe pas*. Le parallélisme à établir entre ces premiers versets et ceux de 18 et 19 est que ces derniers donnent des conséquences logiques par rapport au fait qu'il s'avérait que les morts ne ressuscitent pas (au présent), si non plus Christ n'était pas ressuscité (dans le passé) ; ce qui semble pour Paul comme une incrédulité pour ceux qui, dans le cadre de la foi chrétienne, nient la résurrection du Christ, et donc celle des morts.

Les deux derniers versets reprennent ensemble l'expression « en Christ » ἐν Χριστῷ avec l'idée qu'en Christ en qui on espère, on est tout de même perdus en lui car considéré comme des faux témoins des témoins de Dieu.

B – B' : vv13b-14 // 16-17

Nous avons établis le parallélisme entre le bloc B des versets 13b, 14 et le bloc B' des versets 16 et 17 du chapitre 15, d'où l'expression Χριστὸς ἐγήγερται soit avec οὐκ qui est une particule utilisée pour montrer l'opposition qu'il y a dans cette même péricope. Avec un « si » au début, on oppose Christ ressuscité et le Christ non ressuscité dont les conséquences sont entre autre, la vanité de la foi et de la prédication. Et la plus importante reste celle de demeurer dans les péchés.

C: vv15

Ce verset est le centre même de toute cette périscope sous, c'est le centre de la problématique d'étude. Paul affirme le présent, *les morts…ressuscitent…*, pour parler du passé, la résurrection du Christ. En fait, il essai d'expliquer le fait qu'il y a la résurrection des morts, dans ce présent, raison pour laquelle

Christ aussi était ressuscité : *parce que les morts ressuscitent, au présent, dans l'immédiat, ainsi le Christ aussi était ressuscité dans le passé.*

Il convient alors à nous de nous demander de quelle sorte de résurrection Paul parle-t-il dans le présent ou l'immédiat : *devons-nous croire que immédiatement, au présent même, ceux qui meurent en Christ ressuscitent-t-ils déjà ? Comment alors ?*

Voilà ce qui fait de cette partie plus excitante et intéressante que tout le reste du texte en étude. Nous allons donc tenter de découvrir ce dont il s'agit plus précisément au sujet de cette résurrection dans le présent, d'après la vision paulinienne.

4. 6. Commentaire de la péricope

Ce texte de 1corinthiens 15,12-19 est une étude bien plus importante non seulement parce qu'elle parle du fondement même de la foi chrétienne, mort et résurrection du Christ, notre Seigneur et sauveur, mais également parce qu'elle recouvre en son sein d'innombrables vérités sur la doctrine de la croix, la résurrection du Christ et de tous ceux qui mourront en lui. Dans ce passage, si Paul a cité la formule catéchétique que nous venons d'analyser ci-haut, c'est pour fonder sur elle la foi en la résurrection des morts (v12 : Si l'on proclame que Christ est ressuscité d'entre les morts, comment certains parmi vous peuvent-ils dire qu'il n'y a pas de résurrection des morts ?). L'événement prend son sens par rapport aux hommes (v20 : Christ ressuscité, prémices de ceux qui sont endormis).

Partant de la considération des temps des verbes, nous pouvons aboutir à une certitude selon laquelle, en 1Co 15, le temps parfait signifie que l'intérêt se porte sur l'effet qu'a l'action dans le temps présent et non sur l'action passée. Cela veut simplement dire que, Christ est mort une fois pour toutes (aoriste), et donc aujourd'hui, il est vivant (parfait). C'est essentiellement ce que Paul proclame, à travers ce parfait, que le Christ est *aujourd'hui ressuscité* ; il ne vise que le Christ présent. A six reprises, l'auteur utilise ce parfait dans le contexte de notre texte sous étude : 1Co 15,12.13.14-16.17.20. De ce fait, la résurrection ne reste plus un simple événement du passé qui continue à montrer ses effets dans le temps présent, elle est bien évidemment la réponse de Dieu déclarant *rédemptrice la mort de Jésus*. La résurrection de Jésus, par Dieu, est une *Action Salutaire* qui concerne tous les hommes, surtout ceux qui sont libérés de leurs péchés par le Ressuscité ; le salut est donc la conséquence de la résurrection de Jésus-Christ. L'intérêt de la communauté ecclésiale va désormais à l'évocation de l'histoire actuelle des hommes qui doivent sans cesse se référer au témoignage ainsi porté au Christ Ressuscité et Rédempteur.[73]

Affirmer que Christ est vivant complète l'affirmation qu'Il est ressuscité. Ce langage en certains contextes, semble même suffire, sans mention de la résurrection, à l'expression de la foi pascale. D'où la formule traditionnelle en 1P 3,18 « mis à mort selon la chair, mais *vivifié (zôopoiètheis)* selon l'Esprit ». Il est donc question non plus de garantir le futur mais de comprendre la nouvelle existence. La résurrection du Christ n'a d'intérêt qu'en fonction de la compréhension que nous avons d'elle par rapport à nous. C'est ce que Paul essai de signifier, l'acte d'un jour a un effet qui dure toujours : *Christ est mort pour tous, afin que les vivants ne vivent plus pour eux-mêmes, mais pour celui qui est mort et ressuscité pour eux...* 2Co 5,15. La résurrection du Christ joue un rôle crucial dans l'existence du fidèle ; pour Paul, le Seigneur Jésus-Christ inaugure et garantit notre avenir.

Paul au verset 12 considère l'affirmation de certains selon laquelle un mort ne peut connaitre de résurrection corporelle. Il en tire des conséquences logiques dans le cadre de la foi chrétienne. Au verset 13 il précise que nier la résurrection corporelle

[73] X. LÉON-DUFOUR, *Op.Cit.*, p37

c'est autrement nier la résurrection du Christ. Et c'est vraisemblablement ce que d'aucuns avaient fait à Corinthe, et ainsi Paul tenait à les mettre en garde surtout par rapport aux conséquences graves qui pouvaient résulter d'une pareille incrédulité. Directement à partir du verset 14 il commence à les décrire : et premièrement il souligne que le rejet de la résurrection arrache à l'évangile son élément central et donc le laisse sans vie. Autrement dit, même si la foi des corinthiens était vitale, elle devenait vaine, vide, puisque ayant un mort pour objet. La deuxième conséquence aux versets 15 et 16, est que nier la résurrection fait des apôtres des ignobles charlatans puisqu'au fait leur message affirmait uniformément la vérité de la résurrection de Christ. La troisième conséquence c'est que même le salut des chrétiens ne serait qu'un simple état d'esprit sans correspondre en rien à la réalité, leur foi en plus vaine, sans cause, sans succès. Ce qui fait que sans résurrection les corinthiens demeureraient dans un état d'aliénation et de péché sans avoir aucune certitude d'expiation de leurs péchés. En quatrième lieu, la conséquence serait que les croyants morts sont dans la perdition et non la félicité, et que donc l'aiguillon de la mort serait toujours là avec son même caractère douloureux et continuel (vv54-56). En dernier lieu, nier la résurrection donne raison aux païens qui vivaient pour les plaisirs du moment, affirmant que la folie de la crois serait exactement telle (1,18) et que par conséquent on ne devrait prendre pitié des apôtres, Paul lui-même, qui se seraient fait persécuter pour rien (souffrir en vain pour l'évangile : 4,9-13), cruelles plaisanteries que les chrétiens se seraient infligés eux-mêmes sans raison.[74]

5. Visée théologique sur la résurrection des morts Ce qu'il importe de savoir !

Pour parler de la résurrection de Jésus il est évident de sous-entendre au préalable sa mort. Ce qui révèle un double événement interprété dans les lettres pauliniennes par un terme technique *« la théorie de la croix »*,[75] d'où l'Evangile est alors synonyme de la Parole de la croix (1Co 1,18). Cet évangile, parole ou message de la croix, se présente à travers deux argumentations dont l'une perçoit ce message comme une folie soit un scandale pour la sagesse du monde que Dieu se révèle dans la personne d'un crucifié ; et l'autre (argumentation), perçoit par contre ce même message comme la manifestation adéquate de Dieu qui sauve gratuitement.

> *Le fait que la Parole de la croix soit paradoxale, qu'elle soit pour les uns une folie et pour les autres, puissance de Dieu, résulte d'une décision de Dieu de rendre folle*

[74] J. F. WALVOORD et R. B. ZUCK, *Commentaire Biblique du chercheur :* Une exégèse approfondie des écritures par des professeurs du Séminaire de Dallas, Editions Béthel, Québec, 1988, p605-606

[75] D. Marguerat, *Introduction au Nouveau Testament : son histoire, son écriture, sa théologie*, Labor et Fides, Genève, 2008, p215

la sagesse du monde par le paradoxe de la croix (1Co 1,21)... Le but de la stratégie divine est de lever l'incompréhension de la sagesse du monde pour la sagesse de Dieu et de sauver ceux qui, à cause de la prédication-folle, aux yeux du monde, mettent leur confiance en Dieu.[76]

Cette proclamation apocalyptique de l'évangile de la croix commence la première épitre de Paul aux Corinthiens qui se termine par le thème sur la résurrection des morts, le plus important du Nouveau Testament, et surtout une conséquence de la résurrection de Jésus-Christ, avec une place importante dans la théologie paulinienne. La résurrection des morts, selon que le conçoit l'Apôtre, est réelle, elle existe, tout comme le kérygme[77] qui fonde la foi chrétienne le proclame (1Co 15,3b-5) en fonction du Christ ressuscité. L'apôtre part d'une induction selon laquelle, de la résurrection du Christ se confirme la résurrection des morts : *Si Christ est ressuscité, alors il y a une résurrection des morts*. Il va donc d'un cas particulier pour prouver une vérité générale au sujet de la résurrection, du Christ et des morts ; celle du Christ étant dès lors le début de celle des

---

[76] *Ibidem.*, p116

[77] Annonce de la bonne nouvelle du Salut à un incroyant, (par un missionnaire...) : [P.-A. LIEGE, *Le Mystère de l'Eglise*, in Initiation théologique, t.IV, p.358] cité par D. MUYISA, *Impact de la communication évangélique dans une église locale, cas de la 3ème Communauté Baptiste au Centre de l'Afrique Goma-Ouest,* Editions Croix du Salut, Saarbrücken (Germany), 2018, note 11, p15

morts tous les êtres qui vont mourir en Adam vont de même ressusciter en Christ, le second Adam divin, parfait et idéal.

Le nouvel acte (créateur) de Dieu de la résurrection des morts récréera ce qui est charnel, périssable, corruptible en corps spirituel, impérissable, incorruptible (1Co 15,35-58). Cette foi se fonde sur le kérygme de la mort et de la résurrection de Jésus-Christ, prémices de celle de tous les croyants qui vont mourir en Lui. Ceux-ci, en plus des vivants, seront transformés au son de la trompette (1Co 15,52) et emmener au ciel.

> *Le fait de savoir que les morts seront enlevés, avec les vivants, pour rester auprès du Seigneur, est le propre de l'espérance chrétienne. La représentation qu'en donne l'Apôtre est la suivante : au son de la trompette, Christ va descendre du Ciel ; tout d'abord les morts vont ressusciter, ensuite, Christ va les emmener au Ciel avec les survivants.*[78]

Paul écrit aux Corinthiens au sujet de la résurrection du Christ prémices de celle des morts, à cause de l'idée défendue au sein de la communauté corinthienne qu'il n'y a pas de résurrection des morts, pour rappeler aux Corinthiens l'essence de l'Evangile qu'ils ont reçu de lui (1Co 15,1), id est de l'Apôtre. Il essaie de rappeler également que la confession en la mort et la résurrection de Jésus est le fondement de la foi chrétienne

[78] D. MARGUERAT, *Op.Cit.*, p218

(1Co 15,1-11) et que donc il est insensé de parler de la résurrection de Jésus et nier celle des morts, comme le prétendaient plusieurs en Corinthe (15,12).

Plusieurs théories avaient été fomentées au sujet de la résurrection de Jésus disant qu'il n'était pas mort mais seulement évanoui à cause d'avoir perdu trop de sang et que la fraicheur du tombeau, l'odeur des aromates et quelques heures de repos lui auraient permis de revenir à lui ; une autre théorie est que Marie qui a donné le départ aux histoires de résurrection se serait perdue dans le jardin et donc arrivée à un autre tombeau qu'elle avait trouvé vide, ensuite ses yeux voilés des larmes, elle aperçut la silhouette du jardinier et s'empressa de conclure que c'était Jésus, ressuscité des morts. Au-delà de ce fait, admet Gunther Bornkamm,[79] le désespoir et le découragement des disciples ne permettent pas une explication subjective de l'événement de la résurrection dans la nature profonde des disciples ; il concède par contre qu'il est « tout aussi certain que les apparitions du Ressuscité et la parole des témoins sont le fondement premier de cette foi ».

Si Christ n'est pas ressuscité, la foi est inutile, car le Dieu qu'adore la foi chrétienne n'est pas le produit de cette foi, ni la

[79] G. BORNKAMM, *Qui est Jésus de Nazareth ?*, (1960), p.210 cité par G.E. LADD, Op. Cit, p.364

création des théologiens ou des philosophes ni moins encore un Dieu inventé ou découvert par les hommes. C'est plutôt un Dieu qui se révèle à travers plusieurs actes rédempteurs depuis la délivrance d'Israël en Egypte et voire même au-delà, une série d'événements relatés dans la Bible via lesquels Dieu s'est fait connaitre par Jésus de Nazareth qui a été le point culminant de ceux-ci dont sa résurrection en est l'événement qui couronne tout ce qui la précède. Bien plus importante que la résurrection elle-même, est notre compréhension de la résurrection du Christ car elle met en cause toute la nature de la foi chrétienne, de Dieu et celle de son œuvre rédemptrice. En fait, la possibilité que la résurrection signifie le retour à la vie d'un cadavre est purement et simplement rejetée par un éminent théologien moderne, car précise Ladd[80], une telle action est inextricablement mêlée à un miracle de la nature. Ce qui fait que, *« par conséquent, un fait historique qui implique une résurrection des morts est complètement inconcevable.»*[81]

Toute la prédication du christianisme se fonde sur la Foi en la mort et la résurrection du Christ. Du point de vue de la théologie africaine en général, la croix du Christ semble y jouer

---

[80] G.E. LADD, Théologie du Nouveau Testament, France, Editions EXCELSIS, 1999, p359-364

[81] R. BULTMANN, *Kerygma and Myth* publié sous la direction de H.W. BARTSCH (1961), vol. 1, pp. 8 et 39 : « L'événement de la résurrection n'a rien à voir avec la revivification d'un cadavre ». N. Clark, *Interpreting the Resurrection* (1967), pp. 97-98 cité par G.E. LADD, Op. Cit, p360

un rôle secondaire. Le christianisme, en continuité avec la conception traditionnelle, est surtout perçu, d'une part sous son aspect de potentialisation de la vie, d'où l'accent mis sur la résurrection, et particulièrement sur la guérison ; et d'autre part, sous son aspect d'humanisation dans le respect du groupe et surtout du chef, d'où son effet conservateur et moralisateur.[82]

> *« On regarde davantage au Ressuscité qu'au Crucifié. La croix n'est importante que comme état de passage vers la résurrection. Christ comme vainqueur est davantage le centre de la théologie africaine que comme crucifié... »*[83]

Comme lieu de la justification ou encore comme condition sine qua non pour la vie éternelle en communion avec Dieu, le thème de la croix n'est donc pas une nouveauté ou une création paulinienne. Pour s'être particulièrement et radicalement focalisé sur la croix par rapport aux restes des thèmes, la loi dans ses lettres aux Romains et aux Galates, l'expérience religieuse et la gnose dans sa première lettre aux Corinthiens... voilà ce qui fait l'originalité de l'Apôtre Paul. Au *Sola Crux* de la part de Dieu correspond le *Sola Fide* de la part de l'homme.[84]

---

[82] J-M. VINCENT, *La croix comme puissance de l'évangile*, in Bulletin de recherches théologiques et sociologiques, ULPGL, n°3/1992, p73

[83] T. SUNDERMEIER, *Das Krreuz als Befreiung. Kreuzesinterpretationen in Asien und Afrika, KT 89, Mûnchen, 1985, p45*

[84] Ces expressions sont traduites en français par la Croix seule ; Par la Foi seule

> *« Car avant toutes choses, je vous ai donné ce que j'avais aussi reçu, à savoir que Christ est mort pour nos péchés, selon les Ecritures, qu'Il a été enseveli, et qu'Il est ressuscité le troisième jour, selon les Ecritures ; et qu'Il a été vu par Céphas, et ensuite par les douze... »*[85]

A travers cette formule, Paul veut rappeler à des frères dans la foi la Bonne Nouvelle à laquelle ils ont cru et par laquelle ils seront sauvés : cette parole que Paul lui-même l'ayant reçu, la transmet à son tour comme le cœur de la foi. Sans autant signifier qu'il essaie de démontrer que Jésus est ressuscité mais de raisonner à partir d'une évidence de la foi. Sa préoccupation est que les corinthiens ne se laissent pas troubler par des opinions selon lesquelles il n'y a pas de résurrection des morts.

> *Un lien indissoluble unit la résurrection des morts à la fin des temps et la résurrection du Christ survenue dans le temps (1Co 15,13-16) : le Ressuscité est « prémices de ceux qui se sont endormis » (15,20 ; cf. Col 1,18), il est le dernier Adam, celui en qui tous les hommes seront vivifiés (15,22).*[86]

A Jérusalem, en Actes 2,23-24, Pierre affirme solennellement : « Israélites, Jésus le Nazôréen, [...] cet homme, selon le plan divin arrêté et la prescience de Dieu, vous l'avez livré et supprimé en le faisant crucifier par la main des impies ; mais

---

[85] 1Co 15,3-5, http://play.google.com/store/apps/details?id=bjc.bibledejesuschrist

[86] X. LÉON-DUFOUR, *Résurrection de Jésus, et message pascal,* Parole de Dieu, Editions, du Seuil, Paris, 1971, p31

Dieu l'*a relevé*[87] *(anestènen)* en le délivrant des affres de l'Hadès.[88] » En 2,32-33, il reprend le même verbe : « Ce Jésus, Dieu l'*a relevé* » *(anestèsen*, voir l'*anastasis* de 2,31), mais en explicitant aussitôt : *« Exalté (hypsôtheis)* par la droite de Dieu, il a reçu l'Esprit Saint promis et il l'a répandu… » La résurrection, c'est la victoire sur la mort.

Certaines traditions du Nouveau Testament exploitent d'ailleurs cette symbolique mythologique, résurrection comme le renversement du mouvement qui imagine la mort comme une descente en ce lieu souterrain, pour montrer que Jésus a vaincu la mort sur son propre terrain : il sort victorieux des enfers. La tradition paulinienne[89] parle de résurrection *ek nekrôn :* hors du séjour des morts. Mais la tradition pétrinienne[90] mentionne explicitement ce monde des enfers. La tradition johannique, par contre, fait l'impasse sur ce thème, la croix étant déjà, pour elle, le lieu et l'instant de la victoire. Faisant allusion à la mort de Jésus sur la croix, ceux qui y prennent part, prennent également part à « sa première résurrection », c'est-à-dire, qu'ils sont associés à

---

[87] Nous traduirons généralement *anistanai* par *faire se lever, relever* et *egeirein* par *réveiller*, pour signaler la différence des deux verbes, que l'unique *ressusciter* habituel ne fait pas voir.

[88] « Hadès est la leçon occidentale qu'il faut préférer à "mort", qui en est la traduction », selon B. RIGAUX, *Dieu l'a ressuscité*, Gembloux, Duculot, 1972, p.66, malgré B. METZGER et le comité éditorial de la *United Bible Societies Greek New Testament,* dans *A Textual Commentary on the Greek New Testament*, [S.l.], [S.n.], 1975, p.298

[89] Rm 6,9 ; 8,11 ; 10,9 ; Ga 1,1 ; 1Col 1,18 ; 2Tim 2,8 ; reflétée aussi en Ac 17,31

[90] 1P 3,18-20 ; 4,6 surtout, mais aussi dans le discours de Pierre en Ac 2,23-24.27.31

Christ, selon le visionnaire Jean. De ce fait, la béatitude d'Apocalypse 1,6 : *« Heureux et saint celui qui a part à la première résurrection »*.[91]

En fait, comme suggère 1Co 15,1-11, l'affirmation repose sur la proclamation initiale des premiers témoins : Paul, dans ce passage, défend le témoignage apostolique à propos de la résurrection comme étant digne de confiance.[92] Il n'en demeure pas moins que nous ne pouvons envisager de croire seulement à ce qu'avaient proclamés les premiers témoins. L'événement fait appel à notre foi propre. Si la résurrection de Jésus-Christ est une évidence chrétienne au sens de la croyance en son cœur kérygmatique, elle est aussi, existentiellement, un événement fondateur personnel. Cet aspect de non évidence existentielle semble devoir être préservé.[93]

Nous constatons toutefois, par rapport à notre problématique posée au lever des rideaux de cette étude, que, bibliquement, il n'est pas question de résurrection de la chair *(sarx/σάρξ)* mais du corps *(sôma/σωμα)* ; et la résurrection des corps est, à strictement parler, un événement eschatologique

---

[91] S. NGAYIHEMBAKO, *Actualité de la révélation du Christ : Lecture spirituelle et actuelle de l'Apocalypse de Jean, ULPGL, RDC, 2005, p156*

[92] J-P. MICHAUD, *La résurrection dans le langage des premiers chrétiens*, in Résurrection : l'après-mort dans le monde ancien et le Nouveau Testament, Médiaspaul & Labor et fides, Canada & Suisse, 2001, p123

[93] B. SCHALLER, A propos de la résurrection, in Lire et dire : Etudes exégétiques en vue de la prédication, Prêcher Pâques, N°80, 2009/2 (Avril-Juin), pp5-6

(1Co 15), même si le présent est appelé à faire signe de cette espérance (1Co 6,13-20). La nouveauté possible de la vie présente est la caractéristique même de la vie baptismale[94] tendue vers cet avenir. Cette résurrection est toujours liée à l'évènement Christ. C'est parce que le croyant est lié au Ressuscité que sa résurrection est envisageable, et non indépendamment de lui. On remarquera toutefois la prudence des textes : seul Paul évoque, une unique fois, le « corps de gloire » du Seigneur ( ), en Philippiens 3,21 ; en 1Corinthiens 15, le lien est implicite. Quant aux évangiles, silence.

L'affirmation de la résurrection suscite la question de la preuve, registre dont nous savons qu'il tourne court en la matière : la seule preuve est celle des témoignages, et les témoignages ne peuvent rien… De plus, les textes, nous le savons, rendent compte du tombeau vide. Personne n'a « assisté » à l'évènement de la résurrection. Il n'y a donc pas de témoins de la résurrection entendue comme phénomène, mais, là encore,

---

[94] Romains 6 : « *(1) Que dirons-nous donc ? Demeurerions-nous dans le péché, afin que la grâce abonde ? (2) A Dieu ne plaise ! Car nous qui sommes morts au péché, comment vivrions-nous encore dans le péché ? (3) Ne savez-vous pas que nous tous qui avons été baptisés en Jésus-Christ, avons été baptisés en sa mort ? (4) Nous avons donc été ensevelis avec lui par le baptême en sa mort, afin que, comme Christ est ressuscité des morts par la gloire du Père, de même nous aussi nous marchions en nouveauté de vie. […] (10) Car il est mort, et c'est à cause du péché qu'il est mort une fois pour toutes, mais en vivant, il vit pour Dieu. (11) De même, vous aussi, considérez-vous comme morts au péché, mais vivants pour Dieu en Jésus-Christ, notre Seigneur. […]* », http://play.google.com/store/apps/details?id=bjc.bibledejesuschrist

« seulement » des témoins du Ressuscité… Même si l'impossibilité de la preuve peut être acquise, il faut toutefois reconnaitre que la question se pose logiquement : la résurrection du Christ se situe en effet dans l'histoire humaine, réelle et concrète… On aura donc intérêt à prendre au sérieux la question de la preuve ; d'autant plus qu'elle rend service, paradoxalement, d'inscrire justement la résurrection comme un fait de l'histoire. L'affirmation de la résurrection du Christ demeure toutefois le cœur de la foi chrétienne…

> [95]*Alors, qu'est-ce que ressusciter ? Mesurons la démarche tout à fait essentielle, quoique modeste, que pour connaitre la vie « résurrectionnelle » du Christ, nous lisons, en fait, ... les évangiles : de manière moins convenue, nous sommes ainsi renvoyés au parcours terrestre de Jésus de Nazareth qui nous donne à voir, rétrospectivement, cette vie nouvelle « en Christ ». Dès lors, nous sommes moins conviés à une réflexion matérialiste à propos de la résurrection, ou à une réflexion sur l'au-delà, qu'à nous interroger sur un agir nouveau, une relation aux autres et à l'Autre, à naitre de nouveau, dans notre histoire même, sous l'impulsion de l'Esprit (Jean 3)*[96].

---

[95] B. SCHALLER, *Op.Cit.*, p6

[96] Jean 3 : *« […] (5)* ***Jésus répondit :*** *En vérité, en vérité, je te le dis : Si quelqu'un ne* ***naît*** *pas* ***d'eau et d'Esprit****, il ne peut entrer dans le Royaume de Dieu. […] (16) Car Dieu a tant aimé le monde qu'il a donné son Fils unique,* ***afin*** *que quiconque croit en lui ne périsse pas, mais* ***qu'il ait la vie éternelle****. […] »*, http://play.google.com/store/apps/details?id=bjc.bibledejesuschrist

Paul prend appui sur la résurrection du Christ pour annoncer non pas que le baptisé, qui témoigne son attachement à la mort et à la résurrection du Christ, doit « ressusciter » mais qu'il doit vivre une nouveauté de vie car nous avons été baptisés, déclare l'apôtre, afin que comme le Christ est ressuscité des morts par la gloire du Père, nous vivions nous aussi dans une vie nouvelle. (Rm 6,4). En effet, tous ceux qui subissent « la première mort », mort corporelle, s'ils ont pris part dorénavant à la première résurrection, ils ne meurent pas, ils dorment (1Co 15,20) et attendent le réveil du Christ à son retour. Par contre, ceux qui meurent sans avoir pris part à la première résurrection, ils restent condamnés éternellement destinés à souffrir de la seconde mort et donc ne prendront pas part à la seconde résurrection. Celle-ci coïncide avec la fin des temps, la venue du Christ dans la gloire, elle est parfaite et totale. Elle est autrement dite, la résurrection finale, celle des corps qui interviendra à l'avènement de la parousie du Christ et que l'auteur de l'Apocalypse appelle deuxième résurrection.[97] C'est au niveau de celle-ci que Paul esquisse la façon dont les corps ressusciteront : semés corruptibles, ressusciteront incorruptibles, semés dans la faiblesse, ils ressusciteront dans la force, semés corps animal, ils ressusciteront corps spirituel...[98] uniquement pour ceux qui auront pris

---

[97] S. NGAYIHEMBAKO, *Op.Cit.*, p156

[98] 1Co 15,35-44

part à la première résurrection, condition sine qua non pour avoir part à la deuxième résurrection où les relations avec Dieu ne dépendent plus de la fidélité à la loi divine, mais plus essentiellement de la foi en Jésus-Christ le Ressuscité, prémices de notre résurrection.

Paul ne s'applique plus sur l'observance des commandements, mais plutôt sur la foi en Jésus-Christ, qui demeure en œuvre dans la vie des croyants afin de leur communiquer sa vie sainte et juste. Telle est la justification par la foi, signe du temps nouveau inauguré à la croix.[99]

[99] J. ALLAZ et Al., *Chrétiens en conflit, l'Epitre de Paul aux Galates*, Labor et Fides, Genève, 1987, p22

6. Conclusion partielle

Les thèmes de la résurrection, liés surtout à la résurrection corporelle du Christ présentée d'une manière significative en plein mystère divin, et qui en donne plus ou moins son authenticité, sont à la fois plus complexes et plus décisifs. A tout le moins, l'étude des récits touchant le fait de Pâques, autorise, grâce aux méthodes d'analyse littéraire et de l'histoire des formes, une double conclusion majeure qui commande le débat sur la réalité de la résurrection : Il n'y a pas de rupture de continuité entre le kérygme apostolique et les péricopes pascales. Les récits des évangiles en dépit de leur allure rédactionnelle, mettent en œuvre diverses traditions anciennes que la critique rétablit avec une précision suffisante dans leur teneur initiale.[100]

Ce chapitre s'est essentiellement consacré, après une brève critique textuelle, à retracer les éléments nécessaires de l'analyse littéraire du contexte, la structure de notre texte et son explication, le commentaire de la péricope et enfin la visée théologique. De cette dernière, nous avons essayé de soulever quelques données kérygmatiques du message de la croix, essentiellement selon que Paul en parle dans sa première Epitre aux Corinthiens, au chapitre 15.

---

[100] J-J. WEBER, *Où en sont les études bibliques ? Les grands problèmes actuels de l'exégèse*, Editions du Centurion, Paris, 1968, p228

CONCLUSION GENERALE

La foi est nécessaire pour reconnaître Jésus ressuscité, or c'est seulement Jésus ressuscité qui peut faire naître cette foi. Les apôtres ne voient pas d'abord pour croire ensuite, puisque leur foi pré pascale a existé préalablement et que la perception du signe ne produit pas par elle-même la reconnaissance de celui qui se manifeste.
La résurrection de Jésus est une réalité historique tout en étant un événement pour la foi même pour les contemporains de Jésus.

La résurrection du Christ est ainsi considérée comme prémices de la résurrection des morts est une évidence sans pareille qui distingue le christianisme de bien d'autres religions du monde. Au cours de cette étude axée essentiellement sur la péricope de 1Co 15,12-19, nous avons tenté d'apporter un peu plus de connaissances au sujet de la foi fondée sur la résurrection des morts en fonction de celle du Christ. Nous nous sommes donc proposé dans la partie introductive de ce travail de soulever la problématique sur laquelle nous avons circonscrit notre étude, nous avons ensuite, dans la même partie révisé quelques auteurs qui ont eu auparavant à travailler sur la même péricope tout en proposant notre propre hypothèse par rapport à la problématique.

Nous avons retenus parmi nos conclusions que la résurrection commence déjà dans la vie terrestre et n'est donc exclusivement pas une affaire de la fin des temps. L'essentiel c'est que la résurrection dans le présent se réalise à travers le baptême, qui symbolise pour le baptisé immergé à l'eau, le passage du Christ de la mort à la résurrection. Le baptême est compris comme un engagement personnel du croyant ; un choix personnel (crédo baptisme) qui ne peut être exercé que par des croyants qui adhèrent à la foi par une démarche volontaire, par la foi.[101] Tous ceux qui, dans le baptême sont été identifiés avec le Seigneur, mort et ressuscité, « revêtent le Christ », et se trouvent désormais avec Lui, le Ressuscité, sur le terrain de la nouvelle création où aucune de ces différences ne subsistent plus. Ils deviennent désormais des « hommes dans le Christ ». Dans leurs nouvelles relations avec Dieu, fondés sur le Christ et créés en Lui, ils sont tous égaux, ils deviennent un dans le Christ. Ils appartiennent tous à la vraie semence d'Abraham, et ils sont enfin ainsi héritiers de Dieu et cohéritiers avec le Christ (Rm 8,17).

Entre l'avènement Jésus, sa vie, sa mort, sa résurrection, son ascension et la fin du monde se situe le lieu par excellence de la foi fondée sur l'Ecriture qui déclare que *l'Esprit de Celui*

---

[101] E. E. BRICE, « Le baptême chez les protestants : Réformés, Luthériens et Evangéliques Baptistes », lu sur Musée virtuel du Protestantisme

qui a ressuscité Christ, Lui, nous ressuscitera aussi comme Il l'a fait pour Christ, à travers son Esprit.[102]

Cette foi est appelée à se maintenir en dépit du retard de la parousie, de telle sorte que la Communauté chrétienne ne cède à une quelconque attente fiévreuse de la consommation finale. Parce que nous devons nous arrêter ici, nous souhaitons que de nouvelles recherches nous viennent au secours afin de compléter nos investigations. C'est ainsi que bien d'autres questions pourraient encore se poser pour essayer de comprendre comment se fait-il que la foi ait pu se maintenir en dépit du retard de la parousie et que la communauté chrétienne ne soit pas devenue une secte séparée du monde, vivant dans l'attente fiévreuse de la consommation finale... certainement, des raisons multiples, à travers des nouvelles recherches, peuvent aider à apporter plus des connaissances susceptibles d'expliquer ce fait au-delà des critiques qu'on peut aussi retrouver à la suite d'un tel questionnement.

[102] Rm 8,11

BIBLIOGRAPHIE

a. Ouvrages

ALLAZ J., BOVON F., et Al., *Chrétiens en conflit, l'Epitre de Paul aux Galates*, Labor et Fides, Genève, 1987

BALAAMO M. J-P., *Églises et État en république démocratique du Congo : Histoire du droit congolais des religions (1885-2003)*, Paris, L'Harmattan, 2008

BASLEZ M-F., *SAINT PAUL*, Fayard, France, 1991

BORNKAMM G., *Qui est Jésus de Nazareth ?*, [S.l.], [S.n.] 1960

BULTMANN R., *Kerygma and Myth* publié sous la direction de H.W. Bartsch (1961), vol. 1

CARREZ M., *Grammaire grecque du nouveau Testament*, Genève, Labor et Fides, 1985

DELUZ G., *La sagesse de Dieu, Explication de 1Corinthiens*, Neuchâtel, Editions Delachaux & Niestlé, 1959

DORIVAL, « Origène et la résurrection » (n. 2)

FAYE E.de, *Origène, sa vie, son œuvre, sa pensée* III, Paris, 1928

HARE D. R. A., *The Theme of Jewish Persecution of Christian in the Gospel according to St. Matthew,* Cambridge

HENRI Crouzel, *La première et la seconde résurrection des hommes*, in Didascalia 3, 1973 ; Crouzel, « Critiques » (n.1) ; Vítores, *Identidad* (n.2)

KOCH H., *Pronoia und Paideusis. Studien über Origenes und sein Verhältnis zum Platonismus*, Berlin/Leipzig, 1932

KUEN A., *Introduction au Nouveau Testament, les lettres de Paul*, Editions Emmaüs, Saint Légier, Suisse, 1986

LADD G.E., Théologie du Nouveau Testament, France, Editions EXCELSIS, 1999

LÉON-DUFOUR X., *Résurrection de Jésus, et message pascal,* Parole de Dieu, Editions, du Seuil, Paris, 1971

MAINVILLE O., MARGUERAT D. et al., *Résurrection : L'après-mort dans le monde ancien et le Nouveau Testament*, Montréal, Médiaspaul, 2001

MARGUERAT D., *Introduction au Nouveau Testament : son histoire, son écriture, sa théologie*, Genève, Labor et Fides, 2008

________, *Résurrection : Une histoire de vie*, Divonne-les-Bains, Editions Cabédita, 2015

MARROU H.I., *Le dogme de la résurrection des corps et la théologie des valeurs humaines selon l'enseignement de saint Augustin*, Villanova University Press, 1966

MUYISA B.D., *Impact de la communication évangélique dans une église locale, cas de la 3ème Communauté Baptiste au Centre de l'Afrique Goma-Ouest,* Editions Croix du Salut, Saarbrücken (Germany), 2018

NAUTIN P., *Origène, sa vie et son œuvre*, Paris, [S.n.], 1977

NAUTIN P., *Origène, sa vie et son œuvre*, Paris, 1977, *ComPs1*, chez Méthode, *Résurrection* I, 22, 5 (pour l'attribution de ce texte aux *Stromates*) *Stromates*, chez Jérôme, *Contre Jean de Jérusalem* 26, l. 7-20 (CCSL 79A)

NGAYIHEMBAKO M. S., *Actualité de la révélation du Christ : Lecture spirituelle et actuelle de l'Apocalypse de Jean,* Goma, ULPGL, 2005

PALUKU M., *Initiation au Judaïsme*, Portland Oregon, Eagle Graphics, 1992

PAMPHILE, *Résurrection : Apologie pour Origène*

PEMBELE-Zi-NZAZI R., *Kinshasa à l'heure des nouvelles Églises : défis et enjeux socio-religieux*, Presses du Midi, Toulon, 2009

POSWICK R. F. et Rainotte G. et al., *Dictionnaire de la Bible et des religions du Livre,* Judaïsme, Christianisme, Islam, Belgique, éditions Lidis, 1985

REYNOLDS J. et TANNENBAUM R., *Jews and God-fearers at Aphrodisias*, Cambridge, 1987,8
RIGAUX B., *Dieu l'a ressuscité*, Gembloux, Duculot, 1972

SENFT C., *La première épitre de Saint Paul aux corinthiens, Genève, Labor, et fides, 1990*

SUNDERMEIER T., *Das Krreuz als Befreiung. Kreuzesinterpretationen in Asien und Afrika, KT 89, Mûnchen, 1985*

TRIGG J.W., « Origen Man of the Church », in R.J. Daly (dir.), *Origeniana Quinta*, Louvain, 1992

WEBER J.-J., SCHMITT J. et Al., *Où en sont les études bibliques ? Les grands problèmes actuels de l'exégèse*, Editions du Centurion, Paris, 1968

b. Articles et revues

MICHAUD J-P., *La résurrection dans le langage des premiers chrétiens*, in Résurrection : l'après-mort dans le monde ancien et le Nouveau Testament, Médiaspaul & Labor et fides, Canada & Suisse, 2001, p123

VINCENT J. M., *La croix comme puissance de l'évangile*, in Bulletin de recherches théologiques et sociologiques, ULPGL, n°3/1992

LIEGE P.-A., *Le Mystère de l'Eglise*, in Initiation théologique, t.IV

SCHALLER B., A propos de la résurrection, in Lire et dire : Etudes exégétiques en vue de la prédication, Prêcher Pâques, N°80, 2009/2 (Avril-Juin)

c. Bibles et Commentaires

ALAND K., BLACK M. et al, *Greek New Testament*, Westphalie, [S.n.], 1966

GODET F., *Commentaire sur la première épitre aux Corinthiens*, Neuchâtel, Théotex, 1886

METZGER B. et al., *A Textual Commentary on the Greek New Testament*, [S.l.], [S.n.], 1975

WALVOORD J. F.et ZUCK R. B., *Commentaire Biblique du chercheur :* Une exégèse approfondie des écritures par des professeurs du Séminaire de Dallas, Québec, Editions Béthel, 1988

[ANONYME], *Commentaires bibliques* : *les deux Epîtres aux Corinthiens,* Toulouse, Nouvelle Société d'éditions de Toulouse, [S.d.]

[ANONYME], *Commentaire des épitres pauliniennes : La première Epître aux corinthiens*, [S.l.], [S.n.], [S.d.]

Holy Bible, [S.l.], The Gedeons International, [S.d.]

La Bible du Semeur, version 2.1, 2014

La Bible, *Segond 21*, Lausanne, Société Biblique de Genève, 2015

La Bible, *Traduction œcuménique de la Bible*, Paris, Editions du Cerf, 2004

La Bible, *édition intégrale Traduction œcuménique de la Bible*, éditions du Cerf, Paris, 1988

d. Cours et Travaux scientifiques

NGAYIHEMBAKO M. S., Cours des méthodes exégétiques du Nouveau Testament : Description des méthodes historico-critique, Deuxième année de Graduat, Faculté de Théologie Protestante/ULPGL, Goma, Inédit, 2016-2017

KAMABU V. J., *Initiation à la théologie systématique*, cours inédit, G1, 2015-2016. (Cf. les explications du symbole des apôtres)

PERRON-NAULT S., *Éclairage théologique et historique du credo corinthien : critique de la forme et histoire de la tradition de 1 Corinthiens 15:1-11*, Mémoire de Maîtrise (M.A.) en théologie, Faculté des études supérieures et postdoctorales, option études bibliques, Université de Montréal, (inédit), 2016

e. *Webographie et Encyclopédie*

Dictionnaire de la Bible et des religions du Livre, Judaïsme, Christianisme, Islam, Belgique, éditions Lidis, 1985

ÉMILE LITTRÉ, *Dictionnaire de la langue française*, t. 1er : A – C, Paris, Hachette, 1873, 1 vol., p. 294, lu en ligne

ERNST BRICE, « Le baptême chez les protestants : Réformés, Luthériens et Evangéliques Baptistes », lu sur Musée virtuel du Protestantisme

http://wiktionary.org Dictionnaire français, application Android

http://play.google.com/store/apps/details?id=bjc.bibledejesuschrist 1Corinthiens 15, 3-5

http://play.google.com/store/apps/details?id=bjc.bibledejesuschrist

http://play.google.com/store/apps/details?id=bjc.bibledejesuschrist

Table des matières

Printed by Books on Demand GmbH, Norderstedt / Germany